KB119251

퇴사를 준비하는 나에게

퇴사를 준비하는 나에게

어쩌다 말고, 제대로 퇴사를 위한
일대일 맞춤 상담실

이슬기 지음

위즈덤하우스

빠른 퇴사와 바른 퇴사

"퇴사해도 될까요?"

액션랩을 운영하며 가장 많이 듣는 질문입니다. 네, 퇴사해도 됩니다. 다만 도망친다는 느낌으로는 퇴사하지 말아주세요. 하루에도 수십 번 경험하는 퇴사 충동의 이유로 퇴사를 하면, 다른 곳에서도 똑같은 일을 겪거나 더 심한 일을 당할 확률이 높습니다.

단, 한 가지 이유는 예외입니다. 매일 출근하는 것이 죽기보다 싫다면, 아파서 아무것도 못할 지경이라면, 당장 그만두는 것이 낫습니다. 자신의 건강보다 우선인 것은 없으니까요. 이럴 경우에는 몸과 마음을 돌보고, 다음을 기약하는 것이 현명합니다. 하지만 건강의 문제가 아니라면, 도망치듯 퇴사하지 말아주세요. 도망치듯 퇴사하면, 다음 선택 또한 쫓기듯 하게 될 것이고, 그럼 또다시 원하지 않는 삶을 살게 될 확률이 높아집니다.

퇴사하고 싶다는 말로 마음을 어지럽히는 대신, 어떻게 하면 지금 이 순간을, 그리고 내일을 즐겁게 만들 수 있을까에 대한 방법을 찾는 것에 집중해보는 건 어떨까요?

"우리는 행복해야 할 권리가 있고

행복하기 위해서는

퇴사를 현명하게 선택해야 할 의무가 있습니다."

퇴사의 시대,

직업의 미래가 사라지고 있다

세상이 더 빠르게 변하고 있습니다. 이제 퇴사는 인생의 여정에서 누구에게나 찾아오는 하나의 사건입니다. 준비하는 이에게는 선택의 순간이, 그렇지 못한 이에게는 재앙의 순간이 될 것입니다.

직업의 미래가 사라지고 있습니다. 테일러 피어슨이 그의 책 《직업의 종말》에서 이야기한 사례들은 - 안정적인 직업에 종사한다고 믿으며 10년을 넘게 일해 온 회사에서 하루아침에 해고당한 이야기 - 오늘날 시스템에 모든 걸 맡기는 직업인이라면 그 누구도 피할 수 없는 운명입니다.

그렇기 때문에 우리는 조금 더 예민해져야 합니다. 현재 다니고 있는 회사의 일이 미래의 생존에 도움이 되는 것인지 확인해야 합니다. 그렇지 않다면 회사의 일을 자신의 일이 될 수 있도록 조율하는 작업을 '빠르고 바르게' 진행해야 합니다. 지금 다니는 회사가 자신에게 전혀 도움이 되지 않지만, 그저 월급 때문에 회사를 다닌다고 생각하는 분도 있을 거라고 생각합니다. 하지만 걱정하지 마세요. 이 책에서는 쓸모없다고 여겨진 회사의 시간까지 모두 나의 시

간으로 만드는 방법과 회사와 상생하는 방법도 자세히 다루고 있으
니까요.

"객관식 문제에 강한 회색 인간의 시대에서
컬러풀한 인간의 시대로 바뀌고 있습니다.
우리는 지금 무엇을 준비해야 할까요?"

당신이 꿈꾸는 삶을 위한
오늘을 설계해드립니다

후회 없는 퇴사를 위해 준비한 시간 1825일, 내 이름이 적힌 책을
출판하기 위해 준비한 시간 1460일, 좋아하는 일을 평생 할 수 있는
일로 만들기 위해 준비한 시간 2555일.

홀로 고군분투한 시간들이 모여 지금은 꿈꾸던 삶을 살고 있습니다.

좋아하는 일로 세 개의 사업을 운영하고 있고, 네 권의 책이 세상에 나왔으며, 신기하게도 제 이야기를 경청하는 사람들이 생겨났습니다. 그리고 무엇보다 출근과 퇴근을 반복하는 회사원의 삶을 살아갈 때 그토록 소망하던 일과 삶이 조화를 이루는 일상을 살고 있습니다.

하지만 스스로 답을 찾아야 했기에 참으로 오랜 시간이 걸렸습니다. 길이 보이지 않아 도중에 포기하려고 했던 순간도, 쓰디쓴 눈물을 흘려야 했던 순간들도 많았습니다. 그러다 보니 자연스레 '필요할 때마다 구체적인 팁을 일러주는 멘토'가 되어야겠다는 생각을 하게 되었고, 그 다짐이 액션랩의 시작이 되었습니다.

액션랩의 1:1 컨설팅 수업과정을 고스란히 담은 이 책, 《퇴사를 준비하는 나에게》는 생존하는 삶에서 특별한 삶으로 이동할 때 필요한 노하우를 아낌없이 풀어냈습니다. 매주 진행되는 48개의 미션은 누구나 조금만 노력한다면 혼자서도 즐겁게 할 수 있도록 최대한 구체적으로 기술해두었습니다.

사람마다 취향도, 바라는 삶도 다르지만 '세상의 시선으로 괜찮아 보이는 삶'이 아닌, '스스로 만족하는 삶'을 향해 가는 방법은 단순합니다.

1. '나' 사용 설명서 갖기
2. '일과 관계'에 매몰되지 않는 방법 찾기
3. 내 안의 어린아이가 뛰어놀 수 있는 '환경' 준비하기
4. 마음이 말하는 대로 시작할 '용기' 갖기
5. 내가 가야 할 길을 이미 걸어본 '부족' 찾기

책의 가이드대로 따라오신다면, 어느 순간, 위의 다섯 가지 방법을 발견하는 동시에 세 가지 효과를 누릴 수 있을 거라 믿습니다.

1. 현재 하는 일이 바뀌지 않아도 회사생활이 즐거워진다
2. 상상하지 못했던 삶의 다양한 선택지를 갖는다
3. 원하는 삶에 가까이 다가간다

멈칫하는 나는 잠시 잊고, 북소리만큼 큰 심장소리를 가진 본연의 당신을 깨워보세요. 할 수 있어요. 이미 다섯 번째 조건, '내가 갈 길을 이미 걸어본 부족'을 알고 있잖아요.

당신의 곁에서 온 마음을 다해 응원할게요.

실행력연구소, 액션랩 대표
액션건축가 드림

사람은 누구나 행복하게 살기를 원하지만
무엇이 삶을 행복하게 만드는지 모르고 살아요.

우리가 정처 없이 떠돌며 길라잡이를 따르지 않고
서로 다른 방향을 외치는 사람들의 소음과 잡음을 따라다닌다면,
좋은 성품을 위해 밤낮으로 노력한다 해도 짧은 인생은
실수를 반복하다 끝나버리겠지요.

따라서 우리는 어디로 갈 것이며
어느 길로 갈 것인지를,
우리의 목표를 정확히 알고 있는
경험 많은 길라잡이와 함께 결정해야 해요.

세네카, 《행복론》

"지금 퇴사해도 되나요?"

퇴사해도 좋아요

1. 나는 내가 무엇을 좋아하는지 정확히 안다.
2. 나는 내가 좋아하는 것을 '세상에 통하는 일'로 만드는 방법을 안다.
3. 내가 기획한 일을 다른 사람들이 찾는다. = 즉, 내 사업으로 돈을 벌 수 있다.
4. 사막에(오지에) 떨어트려 놓아도 살아갈 수 있다.

축하합니다. 당신은 자유예요.

퇴사를 권장합니다 (=휴직을 권장합니다)

1. 월급이 대부분 병원비로 나간다.

건강해야 다음 단계가 있어요.

회사를 다니며 준비하세요

1. 일이 너무 많다.
2. 상사와 주변 동료들과의 관계 때문에 힘들다.
3. 지금 하는 일이 앞으로 나에게 도움이 될 것 같지 않다.

도움이 되지 않는다고 생각한 그 일을, 나에게 도움이 되는 일로 바꾸는 마술이 있어요. 그리고 지금 하는 많은 일 중에, 하지 않아도 되는 일을 선택하여 제거하는 방법도 있어요. 또한 주변 관계로부터 상처받지 않도록 나를 보호하는 방법도 있어요. 그러니 섣불리 퇴사하지 말고, 지금 내가 가진 꿀통(회사)을 최대한 활용하여 다음 단계를 함께 준비해요.

이 책을 대하는 마음가짐

1. 나는 무엇이든 될 수 있고, 할 수 있다고 믿자.
2. 내 안의 예술가가 마음껏 놀 수 있도록 믿어주자.
3. 자유롭게 표현하고, 거침없이 실험하며, 풍요하게 경험하자.

차례

새로운 시작을 꿈꾸는 당신에게
지금 퇴사해도 되나요?

1Quarter 나를 가만 바라보다

1 / 나와 내 꿈을 마주보다

2 / 시작의 막연한 두려움에서 벗어나다

3 / 나의 숨겨진 가능성을 발견하다

2Quarter 워라밸을 추구하다

4 / 일을 다시 정의하다

5 / 관계의 시소에서 자유로워지다

6 / 마음의 디톡스, 최고의 휴식을 선물하다

1
Quarter

나를 가만 바라보다

그대는 무엇을 원하며,
어디로 향하고 있나요?
미래는 모두 불확실한 법이에요.
그대의 현재를 살도록 해요.

— 세네카, 《행복론》

1 나와 내 꿈을 마주보다

결국 모든 것은 나의 마음에서 시작된다.
심장의 북소리를 따라 여행을 떠나자.

감정 사용 설명서를 쓴다

내 마음이 원하는 것을 정확히 모른다면, 또다시 다른 사람들의 기준에 맞추어 선택지를 고르게 될 확률이 높다. 열심히 노력하고 준비해서 바라던 것을 얻었다고 생각했지만, 막상 그것을 이루었을 때의 헛헛함은 이 지점에서 생긴다.

남은 인생 동안 같은 실수를 최소한으로 줄이고, 나를 위해 살기 위해서는 어떻게 해야 할까? 방법은 간단한다. 나를 알면 된다.

첫눈에 사랑에 빠져버리게 만든 그 사람의 모든 것을 알고 싶어 '그가 입고 자는 파자마의 색'까지도 궁금해하던 그 마음을 나를 향해 돌려보자. 나를 들여다보는 질문을 스스로 해본다.

나를 바라보는 일곱 가지 질문

1. 가장 행복했던 순간들

2. 가장 화가 났던 순간들

3. 가장 슬펐던 순간들

4. 내가 좋아하는 것

5. 내가 싫어하는 것

6. 내가 잘하는 것

7. 내가 잘 못하는 것

질문이 빤하다 생각할 수 있다. 하지만 이 빤한 질문에 곧바로 대답할 수 없는 자신을 마주할 때의 당황스러움을 당신도 느낄 것이다. 살면서 자신에 대해 진지하게 생각할 겨를을 갖지 못했기 때문이다. (정해져 있는 답 중에 선택하는 방법만 배웠지, 스스로 답을 만드는 방법은 학교에서도 회사에서도 사회에서도 알려주지 않았다.)

이 문제에 관해 당신만의 답을 가지고 있어야만 다음 모든 질문들에 대해 '진짜 답'을 할 수 있다. 예를 들어, 자신이 무엇을 좋아하는지 확실히 안다면 언제나 나를 행복하게 만드는 선택을 할 수 있고, 언제 화가 나는지 알고 있다면 화가 나는 상황을 피하거나, 그것을 마주했을 때 태연하게 대처할 수 있다.

답은 최대한 구체적일수록 좋다.
그리고 그 답을 왜 했는지 이유를 함께 적어보도록 하자.
잠시 휴대폰을 꺼두고, 사색할 수 있는 조용한 공간에서, 나에게 집중해보자.

☑ 퇴사 욕구 체크!

☑ 퇴사 준비를 위해 내가 새롭게 한 일

....

....

....

....

☑ 퇴사 준비를 위해 내가 만난 사람들

....

....

....

....

☑ 퇴사 준비를 위해 내가 쓰고 아낀 것들

....

....

....

....

2주 스스로를 인터뷰한다

　사람들은 저마다 빛나는 재능이 있다. 하지만 안타깝게도 잘하고 좋아하는 것(=재능)을 스스로 발견하는 것은 어려운 일이다. 매일 밥을 먹고 이를 닦는 것처럼 익숙하고 당연하다고 생각하기 때문에 그것이 얼마나 대단한 일인지 모르고 넘어갈 때가 많다.

　새로운 일을 시작하기에 앞서, 내가 그 일을 할 수 있을지 의심이 들거나 자신감이 생기지 않을 때마다 행하는 나만의 루틴이 있다. 지금까지 내 성장 과정을 옆에서 지켜본 친구를 만나는 것이다.

　친구들은 인터뷰어가 되어 내가 새로 시작하려고 하는 일에 대해 궁금한 점들과, 내가 어떤 점 때문에 망설이고 있는지 묻는다. 이때 주의할 점은, 마음속에 있는 말들을 숨김없이 자세하게 이야기하는 것이다. 이렇게 몇 명의 친구들을 만나서 나를 인터뷰하게 하면 입 밖으로 꺼내지 못했던 마음의 소리를 구체적으로 들을 수 있다. 또한 친구들의 진심어린 응원, "너는 ○○○을 참 잘 했잖아. 이번에도 잘 할 수 있을 거야"라는 한마디 말을 통해 망설임이 '설레임'으로 바꾸는 순간을 맛볼 수 있다.

무언가를 찾고 있다면, 그것을 계속 입 밖으로 내뱉어 당신의 두 귀로 반복해서 들을 수 있게 하는 것이 중요하다. 그 과정 속에서 지금 무엇을 해야 하는지 스스로 깨닫게 된다.

만나야 할 친구 리스트 적어보기

1. .... 4. ....

2. .... 5. ....

3. .... 6. ....

친구들에게 하고 싶은 말을
글로 먼저 정리해보자

"퇴사 준비를 시작했어. 나를 위한 삶을 살아보려고 해. 내가 누구인지, 무엇을 좋아하고, 잘 하는지, 어떨 때 행복한지. 이번에는 확실히 알고 다음 스텝을 선택할 거야. 그래서 퇴사 준비 다이어리를 쓰기 시작했어."

내가 듣고 싶은 말을 적어보자

셀프 칭찬이라도 괜찮다. 내가 자신에게 해주고 싶은 칭찬들을 인터뷰할 때 친구들에게 해달라고 부탁해도 좋다.

☑ 퇴사 욕구 체크!

☑ 퇴사 준비를 위해 내가 새롭게 한 일

....

....

....

....

☑ 퇴사 준비를 위해 내가 만난 사람들

....

....

....

....

☑ 퇴사 준비를 위해 내가 쓰고 아낀 것들

....

....

....

....

3주 내가 꿈꾸는 삶을 그린다

"당신이 꿈꾸는 삶에 대해 이야기해주세요. 구체적일수록 이루어질 가능성이 높아집니다. 그러니 아주 자세하게 이야기해주실래요?"

이는 상담을 할 때 자주 하는 질문이다.

하지만 이 질문에 대해 사람들은 보통 "세계여행을 하고 싶다. 작가가 되고 싶다. 상담사가 되고 싶다. 부자가 되고 싶다"와 같은 단답형 대답을 한다. 그러면 다시 물어본다. '어떤' 세계여행을 하고 싶은지, '어떤' 작가가 되고 싶은지, 혹은 '왜' 상담사가 되고 싶은지, '왜' 부자가 되고 싶은지 말이다.

'어떤'과 '왜'에 대한 자신만의 정의가 없다면, 세계여행을 해도, 작가로서의 삶을 살아도, 상담가가 되어도, 부자가 되어도 또 다른 삶을 갈망하게 될 것이다.

내가 꿈꾸는 삶에 다가가기 위해 삶의 철학을 먼저 명확하게 갖고 있어야 한다. 언제 어떤 상황에서도 나의 뿌리가 될 생각, 나를 흔들리지 않게 만들 기준을 세워야 한다. 철학이 분명하면, 무엇을 하더라도 행복한 하루를 보낼 수 있다.

아래의 단어에 해당하는 나만의 정의 만들어보기

일
....
....

시간
....
....

자유
....
....

행복
....
....

관계
....
....

내가 꿈꾸는 삶(삶의 철학)
....
....

☑ 퇴사 욕구 체크!

☑ 퇴사 준비를 위해 내가 새롭게 한 일

....

....

....

....

☑ 퇴사 준비를 위해 내가 만난 사람들

....

....

....

....

☑ 퇴사 준비를 위해 내가 쓰고 아낀 것들

....

....

....

....

4주 긍정의 주문을 만들어본다

바람이 불면 나뭇잎이 흔들린다.

인생도 그렇다.

마음을 굳게 먹었지만, 1년 동안의 여정이 쉽지 않을 수 있다. 바람 잘 날 없는 인생에서 바람이 부는 방향으로 내가 흔들릴 때마다 바로 잡아줄 도구가 필요하다. 누군가 혀끝에서 무심히 뱉어낸 칼날 같은 말, 머리부터 발끝까지 힘이 쭉 빠지게 만드는 상황들이 '내가 바라는 삶을 향한 발걸음'을 멈출 수 없도록 나를 위한 주문을 만들어보자.

Wingardium Leviosa! (윙가르디움 레비오우사)!

해리포터처럼 마법의 주문을 만들어보아도 좋고

Carpe Diem (카르페디엠)

〈죽은 시인의 사회〉의 키팅 선생님이 이야기하듯 자신에게 속삭여도 좋다.

나는 마음이 어지러울 때마다 책에 밑줄을 그었던 글과, 마음을 울리는 시, 존경하는 멘토의 언어로 주문을 만들었다. 지금 내 책상 위에는 《월든》의 저자 헨리 데이비드 소로의 글이 있다.

어떤 사람이 우리를 감동시키는 것은

그가 가진 타고난 재능이 아니라

가치 있는 것에 대한 그의 태도이다.

나만의 주문 만들기

주문을 만들기 위해 창의성을 발휘하지 않아도 괜찮다. 마음에 드는 문구가 생각나지 않는다면, 삶을 치열하게 고민한 사람들의 글에서 힌트를 얻자. 당신의 간절함이 그들의 글 속에 남겨져 있는 '삶의 지침 혹은 걱정에 대한 대답'을 발견할 수 있도록 도와줄 것이다.

☑ 퇴사 욕구 체크!

☑ 퇴사 준비를 위해 내가 새롭게 한 일

....

....

....

....

☑ 퇴사 준비를 위해 내가 만난 사람들

....

....

....

....

☑ 퇴사 준비를 위해 내가 쓰고 아낀 것들

....

....

....

....

시작의 막연한 두려움에서
벗어나다

긴장을 풀고,
마음과 몸을 자유롭게 움직여보자.

생각을 행동으로 옮겨본다

이제 본격적으로 시작해볼까?

무엇인가 해보려고 마음을 먹었지만 몸이 마음대로 움직여지지 않는다. 당연하다. 실수가 용납되지 않는 환경에서 '틀리지 말아야 한다', '잘해야 한다'는 말만 듣고 자랐기 때문이다. 그럴 때는 가상의 하루를 살아보자.

내가 아닌 내가 되어보는 것이다.

나는 여행가, 바리스타, 바텐더, 파티플래너, 만화가게 주인, 범죄 심리학자, 영화감독, 병아리 감별사, 스트리트 댄서, 비행기 조종사가 되고 싶다.

만약 램프의 요정 지니가 당신에게 나타나 무엇이든 될 수 있고, 무엇이든 할 수 있게 해준다면 어떤 하루를 보내고 싶은가? 스스로 작성한 리스트를 보고 웃음이 나올 정도로 엉뚱한 것이 포함되어 있을수록 좋다. 왜냐하면 당신이 하고 싶다고 처음 떠올리는 것들의 대부분은 다른 사람들이 좋다고 이야기하는 것이 투영되어 있을 가능성이 높기 때문이다.

가상의 하루 살아보기

내가 살아보고 싶은 하루를 10가지 적어보자.

_____

_____

_____

_____

그중 한 가지를 골라 실제로 해본다. 사진작가를 적었다면, 사진을 직접 찍어보거나 찍어놓은 사진을 출력하여 집이나 단골 가게에서 개인 사진전을 열어본다. 바텐더가 되고 싶다면, 칵테일 바에서 1일 바텐더가 되어본다. 중요한 점은 생각을 행동으로 옮겼을 때의 재미를 느껴보는 것이다. 가령 병아리 감별사가 되고 싶거나 영화감독이 되고 싶은데 어디서부터 시작해야 할지 모르겠다면, 주변 사람 열 명에게 물어보자. 친구의 친구, 혹은 사돈의 팔촌이 당신이 궁금해하는 하루를 이미 살고 있을 테니까.

하루를 즐겁게 살아본 후, 그때의 느낌을 기록하자.
친구들에게 마음껏 자랑해도 좋다.
잊지 말고, 나에게도!
설렘과 흥분으로 상기되어 있는 당신의 두 눈을 바라보며 진심을 다해 칭찬해줄 그날을 기다리고 있겠다.

☑ 퇴사 욕구 체크!

☑ 퇴사 준비를 위해 내가 새롭게 한 일

....

....

....

....

☑ 퇴사 준비를 위해 내가 만난 사람들

....

....

....

....

☑ 퇴사 준비를 위해 내가 쓰고 아낀 것들

....

....

....

....

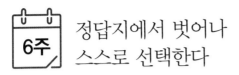

정답지에서 벗어나 스스로 선택한다

원하는 삶을 살기 위해 가져야 할 가장 중요한 스킬은 '스스로 선택하고 책임지는 것'이다. 고등학교 졸업을 하고, 대학에 진학하고, 회사를 들어갔던 순간까지를 돌이켜보자. 지난 10년 동안 오직 나만의 확고한 신념을 가지고 내렸던 결정이 몇 번이나 있는지 세어보자.

아마도 그리 많지 않을 것이다.
어쩌면 한 번도 없을지도 모른다.

인문계 & 실업계
이과 & 문과
4년제 대학 & 2년제 대학
취업

이 선택 역시 대부분 부모님이, 사회가, 정답이라고 이야기하는 선택지 중 스스로 고를 수 있는 최선을 선택하며 살았을 것이다. 바로 이점이 지금의 내가 정답지에 보이지 않는 답을 선택하기 힘들게 만든 원인이다.

우리가 바라는 삶은 주어진 '정답지'에 있지 않다는 것을 이제는 당신도 알고 있다. 지금까지 세상이 원하는 대로 열심히 살아보았지만, 그곳에는 나를 위한 답이 없다는 것을 알기 때문에 지금 이 여정을 함께하는 것이다.

앞으로 우리가 함께 해나갈 퇴사 준비 과정을 통해, 오롯이 스스로 결정하고 그 결과에 책임을 지는 연습을 해보자. 무엇보다 자립을 할 수 있어야 당신이 무겁다고 느끼는 모든 것으로부터 자유로워질 수 있다.

누구의 의견도 묻지 않고
혼자 결정해보기

이번 주에 당신이 해야 할 크고 작은 결정을 누군가에게 묻지 말고, 스스로 결정해보자.

어떤 결정을 내렸는가?

처음이라 혼자 결정을 내리기 어려워 누군가에게 꼭 물어봐야 한다면, 아래의 조건에 해당하는 두 사람을 찾아보자.

· 내 말을 끝가지 경청해주는 사람
· 진심 어린 조언을 해주는 사람

☑ 퇴사 욕구 체크!

☑ 퇴사 준비를 위해 내가 새롭게 한 일

....

....

....

....

☑ 퇴사 준비를 위해 내가 만난 사람들

....

....

....

....

☑ 퇴사 준비를 위해 내가 쓰고 아낀 것들

....

....

....

....

7주　억지로 나를
몰아세우지 않는다

나는 걱정이 많은 사람이었다. 무언가를 새롭게 도전해서 얻는 기쁨보다 일을 망쳤을 때의 두려움이 컸다. 시험으로 경쟁을 해서 점수를 높게 받았을 때, 그 순간에만 '당신, 괜찮은 사람이네' 하고 인정해주는 제도권 아래에서 교육을 받았기 때문일까?

늘 다른 사람과 비교 우위에 있기 위해 날이 섰고, 잠을 줄였고, 일부러 야근을 한 날이 많았다. 조금이라도 점수가 낮게 나온 날에는 세상이 무너진 것처럼, 지구 대재앙이 일어난 것처럼 호들갑을 떨었던 적도 많았다.

왜 그렇게 억지로 나를 몰아붙여 세웠을까?
다른 사람들이 모두 걷는 길을, 같은 속도로, 아니 더 빠르게 걸어야 한다는 생각은 언제부터 해왔을까?

잠시 멈춘다면, 거꾸로 걷는다면, 다른 길을 걷는다면, 무슨 일이 일어날까?

다른 길로 걸어보기

1. 현재 자신이 걷고 있는 길을 '왜 걷고 있는지 묻지 않은 채' 관성에 따라 움직이고 있는 건 아닌지 살펴보자.

2. 다른 사람들과 반대로 행동해보자. 휴가를 내거나 조금 일찍 출근길에 나서서 다른 사람들이 출근하는 길을 거꾸로 걸어보자.
(이때, 회사 복장에서 벗어나 자신이 좋아하는 옷을 입고 걸어보는 것이 중요하다. 영화 〈데몰리션〉의 마지막 장면을 떠올려봐도 좋다.)

3. 가능하다면 아주 바쁜 날 하루를(반나절을) 쉬어본다. 휴대폰을 꺼둔 채. 무슨 일이 생기는지 지켜보자.

자유로운 삶의 포인트는, 나만의 길을 창조하는 것이다. 모두가 걷는 길은 경쟁이 심할 수밖에 없다. 하지만 내가 만드는 길은 다른 사람들과의 경쟁이 없다. 오직 나와의 경쟁과 성장만이 기다리고 있을 뿐이다. 당신은 지금 어떤 길을 걷고 있는가?

☑ 퇴사 욕구 체크!

☑ 퇴사 준비를 위해 내가 새롭게 한 일

....

....

....

....

☑ 퇴사 준비를 위해 내가 만난 사람들

....

....

....

....

☑ 퇴사 준비를 위해 내가 쓰고 아낀 것들

....

....

....

....

8주 나를 사랑하는 내가 된다

앞으로의 모든 과정에서 가장 중요한 것이 있다. 어떤 순간에도 나를 아끼고 사랑하는 것이다. 주눅이 든 표정의 나는 잠시 잊자. 거울 앞에 서서 허리를 반듯이 세우고, 어깨를 펴고 당당한 표정으로 나에게 이야기해보자.

"나는 나를 사랑한다.
나는 바보 같은 나의 모습도 사랑한다.
한 번뿐인 인생을 더욱 나답게 살기 위해
치열하게 고민하는 나를 사랑한다."

내가 나를 사랑하지 않는데, 누가 나를 사랑하겠는가? 자신을 사랑하는 사람에게는 언제나 밝은 기운이 감돈다. 좋은 에너지는 '눈길이 가고, 이야기를 나누고 싶은' 매력적인 사람으로 당신을 만들어줄 것이다.

또한 자신의 모든 면면을 사랑하게 되는 순간, 어떤 상황에서도 당황하거나 다급하게 행동하지 않고, 여유 있게 대처하는 당신을 만나게 될 것이다.

나를 사랑하자.

나를 아끼는 순간, 마음이 하는 이야기에 더욱 귀를 기울이게 될 것이며 세상이 원하는 내가 아닌, 내가 원하는 나로 살아갈 용기를 얻게 될 것이다.

있는 그대로의 나를 격려해주기

1. 다른 이들에게는 관대하면서, 유독 나 자신을 평가할 때에만 완벽주의자의 눈으로 재단하여 당신의 마음을 괴롭히고 있진 않은지 살펴보자.

2. 나를 내 아이로 생각해보자. 걸음마를 갓 떼었을 때, 넘어져도 잘한다고 박수쳐주는 부모의 마음으로 어떠한 상황에서도 스스로 격려하고, 사랑한다고 말해주자.

3. 지금까지 수고한 나를 위해 감사의 편지를 쓰자. 그리고 내 마음속 아이가 좋아할 작은 선물을 함께 준비해보자.

☑ 퇴사 욕구 체크!

☑ 퇴사 준비를 위해 내가 새롭게 한 일

....

....

....

....

☑ 퇴사 준비를 위해 내가 만난 사람들

....

....

....

....

☑ 퇴사 준비를 위해 내가 쓰고 아낀 것들

....

....

....

....

나의 숨겨진 가능성을 발견하다

바람직한 것과 바라는 것
해야 하는 것과 하고 싶은 것
좋은 것과 좋아하는 것 사이에서

다시 호기심을 갖는다

시작에 앞서 꼼꼼히 계획을 세웠지만, 도무지 몸이 움직이지 않는 이유는 실패가 두렵기 때문이다. 칭찬보다는 비난이 만연한 환경에 오래 노출되어 있으면 더더욱 그렇게 된다.

마라톤을 하기 전에 몸의 근육을 충분히 풀어야 하듯이, 대단히 어려워 보이는 것(실제로 어렵지 않을 가능성이 높다)을 시작하기 전에 꼭 해야 하는 것이 있다. 바로, 실패를 두려워하지 않는 천진난만한 내 안의 어린아이를 깨우는 것이다. 호기심이 많고 결과를 계산하지 않는 이 아이는 한 번의 실패에 좌절하지 않고, 원하는 것을 할 수 있을 때까지 끊임없이 새롭게 도전한다. 그리고 모든 과정을 충분히 즐기는 방법을 알고 있다.

오래도록 내 안의 어린아이를 찾지 않아서 깊은 잠에 빠져 있을 테지만, 괜찮다. 어린 시절에 좋아하던 것을 반복적으로 하다보면 저절로 깨어날 것이다.

어린아이처럼 - 3천 원의 행복 찾기

1. 유년기에 친구들과 함께 뛰어 놀았던 장소에 가본다. 그곳에서 무엇을 했는지, 그때의 나는 어떤 아이였는지 추억을 떠올려본다.

2. 초등학교에 놀러간다. 직접 다닌 학교도 괜찮고, 집 근처 동네의 학교도 괜찮다. 아이들의 하교 시간에 맞춰 가면 효과가 더 좋다. 와작거리는 아이들의 목소리가 향하는 곳, 먼저 문방구로 발걸음을 옮겨보자. 그곳에서 어린 시절 내 마음을 설레게 했던 작은 장난감을 하나 사보자. 잊지 말고 분식점에 들러 피카츄 돈까스와 얼음 슬러시를 함께 먹어 보자.

3. 어린아이가 되어 하루 3천 원으로 즐길 수 있는 모든 것들을 생각해 보고 직접 해보자. 무엇이 떠오르는가? 리스트를 적어 하루에 하나씩 해보자.

☑ 퇴사 욕구 체크!

☑ 퇴사 준비를 위해 내가 새롭게 한 일

....

....

....

....

☑ 퇴사 준비를 위해 내가 만난 사람들

....

....

....

....

☑ 퇴사 준비를 위해 내가 쓰고 아낀 것들

....

....

....

....

좋아하는 것,
바라는 것을 찾는다

바람직한 것과 바라는 것

해야 하는 것과 하고 싶은 것

좋은 것과 좋아하는 것

이 중에 당신은 무엇을 선택하며 살아왔는가? 욕망에 충실했는가? 아니면 사회가 만들어놓은 답을 따라갔는가? 좋아하는 것을 아무리 찾으려 애를 써봐도 찾을 수 없는 이유는 우리가 진짜 욕망을 참으며 살아왔기 때문이다.

"인간의 욕망이 바로 그의 운명이다. 왜냐하면 그의 욕망이 바로

그의 의지이기 때문이다. 그리고 그의 의지가 곧 그의 행위이며,

그의 행위가 곧 그가 받게 될 결과이다."

《티벳 사자의 서》의 한 대목이다.

당신이 진실한 욕망을 찾기만 한다면, 그 욕망을 따라갈 용기가 있다면 그 뒤로는 우주의 기운이 우연과 행운을 가장하여 당신을 도와줄 것이다. 자아의 신화를 마음의 속삭임에 귀를 열고 자신의 보물을 찾으러 떠난《연금술사》의 양치기 청년 산티아고의 여정이 그러했듯이.

당신은 무엇을 욕망하는가?
잊고 있었던 꿈을 다시 찾아보자.

'그냥' 하고 싶었던 것 해보기

1. 좋아하고 해보고 싶었는데 하지 못했던 것들 리스트를 적어보자.
2. 다른 사람의 리스트에도 있을 것 같은 뻔한 것은 지우자.
3. 아무것도 남지 않았다면, 다시 리스트를 채워보자. 유치하거나 말도 안 되는 것일수록 좋다.
4. 리스트를 다시 살펴보며, "네가 이걸 어떻게 해?" 혹은 "이걸로는 돈 못 벌어. 가난하게 살고 싶어?"라는 다른 사람의 말 때문에 차마 해보지 못했던 것이 빠졌다면, 잊지 말고 채워 넣자. 당신의 심장을 두근거리게 만드는 리스트를 가지게 될 때까지 곰곰이 생각해보자.
5. 리스트에 무엇이 적혀 있는가? 이 중 한 가지를 이번 주에 시작해본다.

tip
어학공부, 다이어트 등 행위에 대한 결과가 나에게 어떤 이득을 가져다줄지 계산하며 리스트를 고르지 말고, '그냥' 하고 싶은 것, 그것을 하고 있는 나를 떠올렸을 때 두근거리는 것을 시작해보자. 시작하는 그 순간 그 자체가 당신에게 선물이 될 것이며, 당신이 상상도 못했던 드라마틱한 결과를 선물로 받을 수도 있다. 우선 시작하자!

☑ 퇴사 욕구 체크!

☑ 퇴사 준비를 위해 내가 새롭게 한 일

☑ 퇴사 준비를 위해 내가 만난 사람들

☑ 퇴사 준비를 위해 내가 쓰고 아낀 것들

두려움의 감정과 맞서본다

만약, 당신이 두렵다고 느끼는 것이 실제로는 두렵지 않은 일이라면?

좋아하는 것을 찾는 연습을 통해 리스트를 적어보았지만, 아직 아무것도 시작하지 못했다면 두려움과 맞서는 연습을 해보자.

《퇴직 보고서》라는 첫 책의 원고를 완성했지만, 나를 모르는 사람이 읽을 거라는 두려움 때문에 출판을 못한 채 한 달 이상을 갖고만 있었다. 이 고민을 듣던 한 친구가 말했다.

"유명한 사람도 아니고, 아무도 신경 쓰지 않을 걸. 그냥 해봐."

그 말 한마디에 두려움을 억누르고, 전자책을 업로드 했다. 내가 두려워했던 일은 일어나지 않았다. 90퍼센트의 공감 글과 10퍼센트의 공감이 가지 않는다는 글, 딱 그뿐이었다.

글을 공개하는 것을 계속 두려워했다면 지금 쓰고 있는 다섯 번째 원고도 나오지 못했을 것이다. 그리고 더욱 무서운 것은 글을 쓰는 것이 얼마나 즐겁고 황홀한 일인지도 알지 못한 채, 생을 마감했을 것이다.

　무언가가 두렵다고 느껴진다면, 그것의 실체를 바라보자. 구체적으로 설명할 수 있는 두려움인가? 막연한 두려움인가? 당신이 느끼는 두려움은 자라온 환경에서 축적된 감정 데이터일 확률이 높다.

두려워했던 것들 하나씩 해보기

유튜브에서 동영상 하나를 보았다. 뱀과 키스하기, 번지점프하기, 길거리에서 춤추기, 퇴사하기(?) 등 자신만의 두려움 리스트 100가지를 매일 하나씩 지워나간 여자의 영상이었다.

두려워했던 것들의 리스트를 작성한 후, 하나씩 도전해보자. 두렵다고 느꼈던 것이, 실제로 하고 나니 사실은 두려운 것이 아니었다면 인생이 얼마나 가벼워지겠는가?

내가 두려워 했던 일은 아무것도 일어나지 않는다. 걱정 말고 시작해보자.

☑ 퇴사 욕구 체크!

☑ 퇴사 준비를 위해 내가 새롭게 한 일

....

....

....

....

☑ 퇴사 준비를 위해 내가 만난 사람들

....

....

....

....

☑ 퇴사 준비를 위해 내가 쓰고 아낀 것들

....

....

....

....

12주 나만의 라이프스타일을 찾는다

당신은 어떻게 살고 싶은가?

대답하기 어렵다면, 질문을 조금 바꿔보겠다.

돈과 시간, 삶의 에너지가 충분하다면 하루를 어떻게 쓰며 보내고 싶은가?

다양한 직업을 가진 사람들이 나를 찾아온다. 대기업 팀장, 의사, 변호사, 교수, 아나운서까지. 모두가 선망하는 직업을 가진 사람들이다. 이들이 나를 찾아와서 하는 말을 요약해보면 '행복하게, 자유롭게, 나답게 살고 싶다'이다. 이들은 왜 행복하지 않을까?

사람이 죽는 것을 보는 것이 힘든 사람이 외과 의사를 한다면?

사람을 상대하는 것이 힘든 사람이 변호사를 한다면?

조용히 혼자 일하는 것을 선호하는 사람이 아나운서를 한다면?

물론, 남 부러울 것 없는 타이틀을 갖는 것도 중요하다. 하지만 우리가 앞으로 이야기하는 것이 '나다운 삶'이라면 직업의 타이틀보다 우선되어야 할 것은 자신이 원하는 라이프 스타일, 즉 어떻게 살 것인지를 명확하게 아는 것이다.

나에겐 하루 중 어떤 상황에서도 포기할 수 없는 두 가지가 있다. 아침에 일어나 햇살이 잘 드는 곳에 가만히 앉아 명상하는(혹은 멍 때리는) 시간을 충분히 갖는 것이다. 그리고 아무리 바빠도 잠은 원하는 만큼 자야 한다. 필요하다면 낮잠도! 이런 라이프 스타일을 지켜야 행복하기 때문에, 하지 않아도 되는 것을 최대한 제거하고 꼭 하고 싶은 것만 남겨두려고 노력한다.

무엇이 되려 하지 말고,
나 자신이 되자.
그 후에, 당신에게 꼭 맞는 직업을 찾으면 된다.

나의 가능성 확장하기

세 번의 인생을 살 수 있다고 가정하고, 마음이 이끄는 대로 마음껏 상상
해보자. 백만장자가 될 수도 있고, 자연에 들어가 안빈낙도하는 삶을 살
수도 있으며, 우주여행을 하는 조종사가 될 수도 있다. 단, '무엇이 되고 싶
다'에 집중을 하기보다는, 당신이 꿈꾸는 하루를 구체적으로 적어보자. 아
침에 일어날 때, 어떤 침대에서 어떤 장면을 맞이하고 싶은지, 낮 시간은
어떻게 채워 넣고 싶은지, 어떤 사람들과 함께 시간을 보내고 싶은지를 지
금 구체적으로 적어보자.

☑ 퇴사 욕구 체크!

☑ 퇴사 준비를 위해 내가 새롭게 한 일

....

....

....

....

☑ 퇴사 준비를 위해 내가 만난 사람들

....

....

....

....

☑ 퇴사 준비를 위해 내가 쓰고 아낀 것들

....

....

....

....

2 Quarter

워라밸을 추구하다

성공할 수 있을지 여부는,
다른 무엇보다도
내가 어떻게 작업하는가에 달려 있다.
지금처럼 계속 작업할 수만 있다면,
조용히 싸움을 계속해 나갈 것이다.

— 반 고흐, 《영혼의 편지》

일을 다시 정의하다

마음의 리모컨을 조작해
일터를 내가 원하는 환경으로 바꾼다.

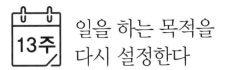 일을 하는 목적을
다시 설정한다

오직 월급만을 바라보며 일을 한 적이 있다. 출근길 지옥철을 견디는 힘도, 상사의 폭언과 잔소리를 견디는 힘도, 음주를 강요하는 회식을 견디는 힘도, 모두 '월급'이었다.

퇴근 길, 물에 절은 솜처럼 무거운 발걸음을 집으로 옮기면서 생각했다. 하루의 대부분을 보내는 '일을 하는 이유'가 돈 그 이상도 이하도 아니라면, 나는 자유인이 아니라 200년 전 목화를 따는 노예와 다름이 없다고 말이다.

일을 하는 목적을 다시 설정해야 했다.
나는 왜 일을 하는가?
노트에 일을 하는 이유와, 그 이유가 왜 내게 중요한지 적어보았다.

첫 번째 이유 … 자립
내 입에 넣을 음식과 내 몸을 눕힐 집을 스스로 해결할 수 있어야 선택의 자유를 획득할 수 있다.

두 번째 이유 … 성장

내가 가진 가능성의 끝이 어디일지 궁금하다. 최대한 경험을 하고, 그 경험을 발판 삼아 내가 갈 수 있는 다양한 길을 걷고 싶다.

세 번째 이유 … 재미

무엇보다 재미다! 재미가 없으면, 다 무슨 소용이겠는가! 재미의 정의는 사람마다 다르겠지만, 내게 재미는 시작한 것의 과정과 끝을 맛보는 것이다.

네 번째 이유 … 가치

누군가에게 도움이 되는 일을 하고 싶다. 평범한 사람도 행복할 수 있는 세상을 만들고 싶다. 나의 생각과 행동이 많은 사람에게 선한 영향을 주기 바란다.

일의 목적 다시 설정하기

일을 하는 이유와 그것이 왜 중요한지 생각해보자.

1. 일을 하는 첫 번째 이유

....

....

....

2. 일을 하는 두 번째 이유

....

....

....

3. 일을 하는 세 번째 이유

....

....

....

☑ 퇴사 욕구 체크!

☑ 퇴사 준비를 위해 내가 새롭게 한 일

....

....

....

....

☑ 퇴사 준비를 위해 내가 만난 사람들

....

....

....

....

☑ 퇴사 준비를 위해 내가 쓰고 아낀 것들

....

....

....

....

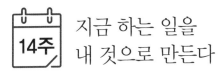

지금 하는 일을
내 것으로 만든다

'내가 왜 이런 것까지 해야 해?'

자신이 하는 일에 퀘스천 마크를 가지고 있으면 일터는 지옥이 된다.

회사에서 하는 일이 훗날 나에게 어떻게 도움이 될 것이라고 구체적으로 알려주는 선배가 있었다면, 회사생활의 첫 2년이 그토록 힘들지 않았을 것이다.

목소리 톤까지 고쳐가며 매일 아침 서른 곳이 넘는 지점에 돌려야 했던 전화도,

처음 보는 통계 프로그램에서 옳은 답이 나올 때까지 수식을 뜯어고치는 순간도,

상사에게 눈물 쏙 빠지도록 혼나가며 고쳐야 했던 보고서를 쓰는 순간도,

어떤 이유로 그 일을 하고 있는지 모를 때에는 그저 화가 나고,

짜증나고, 싫기만 했다.

하지만 아이러니하게도 '내가 왜 이런 것까지 해야 해?' 투덜거리며 배운 미팅 매너, 전화 매너, 회식 매너, 보고서 작성법이 회사를 그만두고 '좋아하는 일'을 사업으로 만드는 데 도움이 되고 있다.

안타깝게도 회사에는 'Why'를 'A-ha!'로 바꿔주는 멘토를 찾기 힘들다. 그럼에도 불구하고 일을 하는 이유를 찾아내기만 한다면, 회사는 지옥이 아니라 '돈을 받고 일을 배우는 곳, 나의 성장을 위해 다니는 곳'이 될 것이다.

WHy를 A-ha로 바꿔보기

1. 회사에서 지금 하고 있는 일을 자세히 적어보자. 무엇을 적어야 할지 모르겠다면 한 주 동안 한 일을 자세히 적어보자.

....

....

....

....

....

2. 지금 하는 일이 앞으로 내게 어떤 도움이 될지 이유를 찾아보자. 혼자하기 어렵다면, 주위에 믿을 만한 선배에게 묻거나 액션랩을 찾아와도 좋다.

....

....

....

....

....

☑ 퇴사 욕구 체크!

☑ 퇴사 준비를 위해 내가 새롭게 한 일

....

....

....

....

☑ 퇴사 준비를 위해 내가 만난 사람들

....

....

....

....

☑ 퇴사 준비를 위해 내가 쓰고 아낀 것들

....

....

....

....

회사 일을 효율적으로 한다

회사에서 어떤 일을 하며 하루를 보내고 있는가? 하고 있는 일을 쳐내기도 전에, 또 다른 일들이 쌓이고 쌓여, 무슨 일을 하고 있는지도 모르는 채 기계처럼 일하고 있지 않는가?

영화 〈모던 타임즈〉의 찰리 채플린처럼 나사 조이는 일에 마비된 공장 노동자가 되지 않으려면 일을 하는 이유를 명확히 알고, 일의 우선순위와 하루에 할 수 있는 일의 양을 정하여 제대로 끝낼 수 있도록 집중해야 한다.

타임 테이블이 명확히 정해져 있으면, 중간에 끼어드는 회의도 "그때는 일이 있어 어렵겠는걸요"라는 말로 당신의 시간에 맞춰 정할 확률이 높고, 중간에 끼어드는 일도 "지금 하는 중요한 일을 먼저 끝내야 해서요"라는 말로 날짜를 뒤로 미루거나 거절하기도 쉽다.

이번 주는 일이 당신을 잡아먹지 않도록,
당신이 일을 지배하는 방법을 습득해보자.

일에 지배당하지 않고 일을 지배하기

1. 회사에서 한 주 동안 한 일을 자세히 적어보자.

....

....

....

....

....

2. 하고 있는 일 중 당신의 일이 아니라고 생각하는 일을 체크하고, 이유
도 함께 적어보자.

....

....

....

3. 당신의 일이 아닌 것 중 하고 있는 일은 왜 하게 되었는지 적어보자.

....

....

....

4. 당신에게 중요한 순서대로 일의 우선순위 리스트를 만들자. 각각의 항목에 일을 하는 데 걸리는 시간(최소 시간과 최대 시간)과 마감일을 함께 표기해보자.

5. 누군가 당신에게 일을 부탁할 경우, 우선순위 리스트를 확인한 후 할 수 있는지 여부를 판단하고 상대방에게 수락 또는 거절을 한다. 거절할 수 없을 경우에는 타임 테이블에서 가능한 날짜를 당신이 고르도록 한다. (거절하는 연습은 다음 달에 더 자세히 다루겠다.)

☑ 퇴사 욕구 체크!

☑ 퇴사 준비를 위해 내가 새롭게 한 일

☑ 퇴사 준비를 위해 내가 만난 사람들

☑ 퇴사 준비를 위해 내가 쓰고 아낀 것들

16주 원하는 일을 회사에서 해본다

달콤한 포도를 바라만 보고 있으면 절대 먹을 수 없다.

두 손을 뻗어서, 닿지 않으면

사다리를 가져와서 열매를 손에 움켜쥐어야 한다.

팀을 옮기고 싶거나, 지금 하고 있는 일을 다른 일로 바꾸고 싶다면 어떻게 해야 할까. 회사는 단순하다. 그 일에 조금 더 관심이 많거나, 조금 더 잘 하는 사람에게 일을 맡긴다.

당신이 엔지니어인데 홍보팀에서 일을 하고 싶다면,

당신이 경영대 출신인데 디자인 일을 하고 싶다면,

어떻게 해야 할까?

거꾸로 생각해보자. 당신이 사장이라면 어떤 사람에게 그 일을 맡길지. 그럼 답이 보인다. 당신이 바로 그 사람이 되면 된다.

홍보팀에서 필요한 스킬은 무엇일까. 회사의 얼굴이 되어 좋은 이미지를 고객에게 심어줄 수 있는 콘텐츠를 만들고 많은 사람에게 그것을 노출시키는 기술이 필요할 것이다. 블로그나 페이지, SNS를 직접 운영해 바로 그 기술을 회사에 보여준다. 시간이 흐르면 회사는 당신의 능력을 자연스레 알게 될 것이고, 당신이 좋아하는 일을 할 수 있도록 회사에서 자리를 만들어줄 것이다.

자격증을 준비해도 좋다. 하지만 더 중요한 것은 실제로 잘할 수 있는가의 문제이다. 당신이 그 일에 적합한 사람이 될 때까지 시간을 두고 천천히 배우자. 지금 당장 회사에서 알아주지 않아도 조급해하지 말자. 그 경험은 이직을 하거나 당신의 일을 시작할 때 모두 도움일 될 것이다.

회사에서 원하는 일 차지하기

1. 회사에서 당신이 맡고 싶은 일을 찾아본다. 그것이 무엇인가?

....

....

....

....

....

2. 그 일을 하기 위해 필요한 스킬이 무엇인지 찾아보거나 담당자를 만나 인터뷰를 한다.

....

....

....

....

....

3. 필요한 기술을 습득하기 위해, 당신만의 프로젝트를 시작한다.

....

....

....

....

....

4. 관련 부서에 당신이 무엇에 관심이 있고, 무엇을 하고 있는지 자주 이야기한다.

....

....

....

....

....

☑ 퇴사 욕구 체크!

☑ 퇴사 준비를 위해 내가 새롭게 한 일

....

....

....

....

☑ 퇴사 준비를 위해 내가 만난 사람들

....

....

....

....

☑ 퇴사 준비를 위해 내가 쓰고 아낀 것들

....

....

....

....

관계의 시소에서 자유로워지다

회사와의 관계에서, 당신에 대한 평판에서 자유로워져야 한다.
우리의 삶은 다른 누군가를 위해 살기에
너무나 짧기 때문이다.

17주 그 구역의 미친놈을 길들인다

전생에 나라를 구한 장군이라도 피할 수 없는 적이 있다. '그 구역의 미친놈'이라고 불리는 사람들이다. 이 사람들의 특징은 목소리가 크고 안하무인인 데다가 심지어는 욕도 잘 한다. 게다가 다른 사람을 헐뜯거나 서로 이간질하기가 자신이 회사에 다니는 유일한 이유인 것처럼 열심이다. 더 대단한 것은 이들은 자기보다 강한 사람에게는 납작 엎드려 살랑살랑 꼬리 흔들며 자신의 자리를 지키는 데 선수다.

신기하게도 이 종족들은 번식력이 강해서 어떤 조직에 가나 늘 있게 마련이다. 이들을 피해 퇴사나 이직을 해봐도 '더 미친놈'을 만날 확률이 높으므로 지금 있는 회사에서 그들을 길들이는 방법을 익혀보자.

방법은 두 가지다. 그가 당신을 툭툭 건드렸을 때 가만히 당하지 않고 그보다 더 큰 목소리를 내는 것이다. 사람들이 많은 곳에서 큰 소리를 내면 효과가 더 크다. 그들은 다른 사람이 자신을 어떻게 생각하는지에 굉장히 민감하기 때문이다.

"하기 싫다고, 후배에게 일 다 떠넘기면 선배는 뭐해요? 또 담배 피러 가요? 자리 좀 지켜요."

물론 당신이 이렇게 반응한다면 부작용이 있다. 당신도 그 구역의 미친놈으로 보일 수 있다는 점이다. 하지만 그때부터 누구도 당신을 쉽게 보지 않을 것이다.

이 방법이 위험해 보인다면 두 번째 방법이 있다. 당신이 마더 테레사와 같이 넓은 마음을 갖는 것이다. 자신이 높은 지위를 가졌다고 부하직원들을 막 대하는, 이를테면 커피를 사오라고 해놓고 식었다고 던져버리는 사람을 보면 내가 하는 마인드 셋이 있다.

'정신이 나간 불쌍한 사람. 사회봉사 차원에서 내가 이 정도까지는 해준다.'

잊지 말자. 이 연습에서 중요한 것은 피할 수 없는 상황에서 어떻게 하면 내가 스트레스를 덜 받을지 연구하는 것이다.

무례한 사람의 행동에 대처하기

1. 당신을 힘들게 만드는 그 구역의 미친놈 리스트를 만든다.

....

....

....

....

2. 그들의 특성을 파악한다.

....

....

....

....

3. 그들을 어떻게 대할지 당신만의 전략을 써본다.

....

....

....

....

☑ 퇴사 욕구 체크!

☑ 퇴사 준비를 위해 내가 새롭게 한 일

....

....

....

....

☑ 퇴사 준비를 위해 내가 만난 사람들

....

....

....

....

☑ 퇴사 준비를 위해 내가 쓰고 아낀 것들

....

....

....

....

18주 회사와 평등한 관계를 만든다

오늘부터 회사를 향한 짝사랑을 멈추자.
회사는 당신을 위해 존재해야 한다.

이번 주의 미션을 시작하기 전에 먼저 질문 하나를 해보겠다.

회사의 재정이 힘들면, 당신은 어떻게 될까? 당신이 일을 잘하는
사람이라는 가정 하에 대답해도 좋다. 회사가 당신의 정년까지 책임
져줄까? 아니면 '미안하지만 지금 나가줘야겠다'는 마지막 말을 문
자나 메일로 받을 확률이 높을까?

기술이 발전하고, 세상이 빠르게 발전하면서 필요한 일의 종류도
바뀌어가고 있다. 과거 잘 나가던 회사도 미래 전략을 세우지 못하
면 하루아침에 사라지기도 하고, 살아남기 위해 지금까지 하던 일을
모두 접고, 다른 일을 모색하기도 한다.

그 와중에 회사가 직원들을 신경이나 쓸까? 아마도 회사를 운영

하는 데 필요한 인력만 남겨두거나 다시 뽑는 편이 편하다고 생각할 것이다.

이번 주는 회사에 대한 생각의 틀을 바꾸는 연습을 해보자. 회사는 언제든지 떠날 수 있는 곳, 지금은 서로의 필요에 의해서 잠시 함께하는 곳이라고 말이다. 회사에 대한 정의를 바꾸는 순간, 잘 보이기 위해 눈치를 보느라 억지로 해야 했던 야근과 굳이 하지 않아도 되는 일에서 멀어질 수 있다. 그리고 당신이 회사에서 보내는 귀중한 시간을 미래를 위해 준비해야 하는 일에 초점을 맞춰볼 수 있다.

마지막으로 가장 중요한 한 가지. 지금 있는 회사에서 당신에게 필요한 것을 가질 수 없다면, 과감히 다른 배로 갈아타야 한다.

회사에 얽매이지 않기

1. 당신에게 회사란 어떤 의미인가.

....

....

....

....

2. 지금 다니는 회사의 10년 후를 그려보자. 미래에도 살아남을 기술을 가지고 있는 회사인지 생각해보자.

....

....

....

....

3. 당신이 지금 하고 있는 일이 5년 후, 10년 후에 당신의 가치를 높여주는 일인지 생각해보자.

....

....

....

....

☑ 퇴사 욕구 체크!

☑ 퇴사 준비를 위해 내가 새롭게 한 일

....

....

....

....

☑ 퇴사 준비를 위해 내가 만난 사람들

....

....

....

....

☑ 퇴사 준비를 위해 내가 쓰고 아낀 것들

....

....

....

....

19주 거절을 잘하는 사람이 된다

좋은 게 좋다는 말은 거짓이다.

한 사람에게 좋다면, 다른 누군가는 손해를 봐야 할지도 모른다.

퇴사 상담을 받으러 찾아오는 사람은 두 가지 유형으로 나뉜다. 한 유형은 '지금 하는 일'이 고민인 사람들이고, 다른 한 유형은 '관계'에서 오는 스트레스를 견디지 못해 힘들어하는 사람들이다.

후자일 경우, 나는 '관계의 시소' 이야기를 들려준다. 한쪽에 가벼운 사람이 앉아 잠시 쉬고 있는데, 반대편에 두 배, 세 배로 무거운 사람이 경고도 없이 도움닫기로 뛰어와 쿵 소리를 내며 앉았다. 가벼운 사람은 어떻게 되겠는가? 소스라치게 놀라거나 튕겨나가 바닥으로 내동댕이쳐져 상처가 생길 것이다.

당신은 관계의 시소에서 어느 쪽에 타고 있는가? 아마도 가벼운 쪽에 앉아 있다가 예고 없이 당하는 편에 속할 것이다. 착한 사람으로 보이고 싶어서, 또는 나쁜 말로 수군거리는 소리를 듣게 될까봐 무서워서 상대방에게 거절을 못하고 있지는 않은가?

자신에게 물어보자.

왜 착한 사람이 되어야 하는가?

왜 나쁜 말을 들으면 안 되는가?

그것이 내 마음을 다치지 않게 보호하는 것보다 더 중요한 일인가?

회사에서 만나는 동료는 회사와 나의 관계가 종료되면 대부분 만나지 않게 될 사람들이다. 아, 오해는 하지 말길. 모든 사람에게 나쁘게 굴라는 뜻은 아니다. 다만, 당신에게 말도 안 되는 요구를 하는 그 사람의 마음을 위하는 일보다, 당신의 마음이 상처받지 않는 것이 훨씬 중요하다는 것을 기억했으면 한다.

ACTION PROJECT

부당한 일에는
웃으면서 거절해보기

회사라는 정글에서 상대방이 기분 나쁘지 않을 정도의 말로 웃으면서
거절하는 방법을 익혀야 한다. 설사 기분 나빠 하더라도 무리한 부탁
을 했으니 어쩔 수 없다는 표정으로 쿨하게 넘길 수 있는 배짱을 연습
해보자.

tip ~~~~~~

나쁜 예: 싫어요. 안 해요.
좋은 예: 아, 정말요? 그런데 어쩌죠? 제가 지금 하고 있는 일은 ㅇㅇ이 부탁하신 중요한 건이라
ㅇㅇ까지 하지 않으면 안 되는 일이에요. 급한 일이라면 저 말고 다른 사람을 찾아보셔
야 할 것 같은데요. 이 일 끝내고 나서도 해야 할 일들이 이미 정해져 있어서 새로 일이
들어갈 틈이 없네요.

☑ 퇴사 욕구 체크!

☑ 퇴사 준비를 위해 내가 새롭게 한 일

☑ 퇴사 준비를 위해 내가 만난 사람들

☑ 퇴사 준비를 위해 내가 쓰고 아낀 것들

20주 중요한 결정을 스스로 내린다

모든 것이 준비되었다고 가정하자. 그럼에도 불구하고 퇴사를 결정할 때 가장 큰 걸림돌이 되는 것은 무엇일까? 장담컨대 99퍼센트는 부모님을 포함한 주변 사람들의 의견일 것이다.

지금까지 4개월 가까이 함께한 독자들이 오직 '퇴사'만을 준비하기 위해 이 책을 읽었다고 생각하지 않는다. 이 넓은 우주에서 '나'라는 사람으로 태어났으니 한 번 사는 인생 '나답게' 살고 싶다고 갈망하는 사람들이 이 여정을 함께하고 있다고 믿는다.

정말 그렇다면 더 이상 아래와 같은 질문을 부모님께, 친구들에게, 배우자에게 하지 말았으면 한다.

퇴사해도 될까?
○○ 직업은 어떨까?
○○ 공부를 더 할까?
회사를 ○○으로 옮겨볼까?

이 질문을 다른 질문으로 바꿔본다면 '내 인생 어떻게 살지, 당신이 대신 대답해줄래요?'와 같은 말이다. 질문을 받는 사람이 자신이 원하는 삶을 살기 위해 치열하게 노력하는 사람이라면 당신이 발걸음을 어느 방향으로 옮겨야 하는지 힌트를 얻을 수 있을 것이다. 하지만 흘러가는 대로 삶을 살고 있는 사람이라면, 당신을 위한 대답을 들을 확률은 제로에 가깝다. 오히려 부정적인 이야기로 당신의 사기를 누를지도 모른다.

인생에서 가장 중요한 결정들은 오직 당신만이 할 수 있다.
고독한 항해를 시작한 당신을 응원한다.

내 인생 남에게 묻지 않기

묻지 않는 연습은 결국, 모든 일을 스스로 책임지는 연습(=독립)과 동의어다. 스스로 결정을 내리고 결과에 대해 책임지는 일이 많아질수록 주변 사람들은 언제나 당신을 믿어줄 것이다.

☑ 퇴사 욕구 체크!

☑ 퇴사 준비를 위해 내가 새롭게 한 일

☑ 퇴사 준비를 위해 내가 만난 사람들

☑ 퇴사 준비를 위해 내가 쓰고 아낀 것들

마음의 디톡스,
최고의 휴식을 선물하다

소진되지 않는 삶, 균형잡힌 삶을 위하여

21주 쉴 때, 죄의식은 내려놓는다

그러니까 사람들은 완전히 망가질 때까지 자기 자신을
자발적으로 착취하는 것이다.

한병철, 《피로사회》

회사에서 체력과 정신력을 모두 소진하고 왔다. 그럼에도 불구하고 퇴근 후 집에서 TV를 보거나 휴대폰을 하며 시간을 보내는 것에 스트레스를 받는다면 의심해보자. 스스로 피로하게 만들고 있지는 않은지 말이다.

이 증상은 끊임없이 자기계발을 하지 않으면 냉정한 자본주의 사회에서 살아남을 수 없다는 두려움에서 시작되었을 것이다. 나도 그랬다. 출근 전 새벽반 중국어 학원, 야근 후 컴퓨터 학원을 다니며 무언가 하고 있다는 안도감을 느꼈다. '회사의 일이 곧 나의 성장'이라는 방정식을 만든 후로는 자기계발에 대한 스트레스는 줄었지만, 여전히 쉬는 것은 어색한 일이었다.

쉬는 것도 연습이 필요하다.
그리고 당신은 쉬어야 한다.

몸과 머리가 충분히 휴식을 취하지 못하면, 생각 없이 돌아가는 기계로 전락하기 쉽다. 어떤 방향으로 가야 하는지 모르는 채 끊임없이 노동력을 투여하는 지치기만 할 뿐 성과가 없는 기계 말이다.

퇴사 후 내가 만든 루틴이 있다. 하루의 3분의 1은 충분한 수면, 3분의 1은 엉뚱한 생각과 휴식, 그리고 나머지 시간에 하고 싶은 일을 한다. 3분의 1을 차지하는 휴식시간에는 게으른 나를 찬양하며 어떻게 하면 더 나를 위한 맞춤형 휴식을 할 수 있는지 탐구한다. 편안할 때만 뛰어노는 아이디어는 오랜 시간 책상 앞에 앉아 고민해도 풀 수 없었던 문제를 생각도 하지 못한 방법으로 풀어준다. 목욕탕에서 유레카를 외친 아르키메데스처럼 말이다.

소진되지 않는 삶, 균형을 맞춘 삶을 살기 위해서 당신이 하는 일도 중요하지만, 그만큼 휴식이 중요하다는 것을 잊지 않기를 바란다.

게으른 나 찬양하기

쉴 때, 당신에게 즐거운 일이라면 그게 무엇이든 (그것이 컴퓨터 게임이나 휴대폰 검색일지라도) 재미나게 해보자. '아, 이 시간에 ○○을 했어야 하는데, 왜 나는 집에 와서 휴대폰만 만지고 있을까?'라는 죄의식을 밀어내고 쉬고 싶어하는 내가 충분히 게으를 수 있도록 풀어주자.

relax ~~~~~~

당신은 하고 싶은 것을 하며 쉬어도 될 만큼 오늘을 열심히 살았다.

☑ 퇴사 욕구 체크!

☑ 퇴사 준비를 위해 내가 새롭게 한 일

....

....

....

....

☑ 퇴사 준비를 위해 내가 만난 사람들

....

....

....

....

☑ 퇴사 준비를 위해 내가 쓰고 아낀 것들

....

....

....

....

22주 스트레스로부터 자유로워진다

원래 세상일은 원하는 대로 되지 않는다. 당신이 한 달간 잠을 설쳐가며 열심히 준비한 프레젠테이션 파일이 기후변화로 인해 빙하가 녹아 북극곰이 살 곳이 없어진 까닭에 회의를 시작해야 하는 급박한 순간에 사라질 수도 있다.

도대체 이게 무슨 상관없는 희한한 소리냐고 물을 것이다. 이게 바로 포인트다. 아무리 열심히 노력하더라도 '정말 이상한 이유로, 아니 그 이유도 모른 채' 마음대로 되지 않는 일이 있다는 것이다.

상처받는 말을 들을 수도 있고,
믿었던 사람에게 발등을 찍힐 수도 있고,
열심히 했던 일의 공을 다른 사람에게 뺏길 수도 있다.

이런 일들을 겪고 나면 억울하고 화가 나서 그 좋아하던 밥이 맛없어지고, 마약 베개를 베도 잠이 오지 않는다. 괴로운 날이 한 달에 하루만 와도 충격적인데, 피할 수 없는 슬픈 사실은 우리는 하루에도 수십 번 어이없는 상황에 노출된다는 것이다. 하지만 이런 상황이 올 때마다 속상해하면 제명에 못산다. 그러니 괴로움을 버리는 연습이 필요하다.

하루 20분 산책하기

괴로움을 집에 가져가지 말자. 버스나 지하철 한 정거장, 또는 두 정거장 앞에 내려 집까지 걸으며 하루에 있었던 일 중 당신을 힘들게 한 일을 꺼내어 바닥에 버리자. 그래도 풀리지 않는 날은 길가 편의점에서 맥주 한 캔(좋아하는 음료수)을 사서 마시며, 무엇이 나를 그토록 속상하게 했는지 적어보자.

내가 해결할 수 있는 일인가?
그렇다면 해결하자.

내가 해결할 수 없는 일인가?
그렇다면 내버려두자.

답은 간단하다.

☑ 퇴사 욕구 체크!

☑ 퇴사 준비를 위해 내가 새롭게 한 일

....

....

....

☑ 퇴사 준비를 위해 내가 만난 사람들

....

....

....

☑ 퇴사 준비를 위해 내가 쓰고 아낀 것들

....

....

....

23주 건강을 우선한다

우연한 기회에 절에서 일주일을 지낸 적이 있다. 스님께서는 매 끼니마다 따뜻한 밥을 지어 드셨다. 그런 스님께 아침에 밥을 많이 지어놓고 저녁까지 먹으면 되지 않느냐고 물었다. 스님은 "뭐 그리 바빠 밥 한 끼 따뜻하게 지어 먹지 못하고 사느냐?"고 되물었다. 대답이 늦어지자 잘 먹는 것보다 더 중요한 게 무엇이 있는지 또 물었다. 나는 바닥만 내려다보며 도시에서는 그러기 힘들다고 했다.

회사를 다닐 때 먹은 음식은 식사가 아니었다. 살기 위해 배를 채우는 행위였다. 아침식사는 회사 앞 가판대에서 마가린에 튀긴 토스트로 해결했고, 점심은 구내식당에서 사람들의 빠른 식사 속도에 맞추느라 제대로 먹지도 못하고 일어나야 했으며, 저녁 약속이 없는 날은 은박지에 둘둘 쌓인 김밥이나 라면으로 배를 채웠다.

연료가 떨어지면 차가 움직이지 않는 것처럼 몸도 마찬가지였다. 영양이 부실한 음식만 먹어대니 몸에 면역력이 떨어져 쉽게 피곤해졌다. 아침에 일어나면 손발이 자주 부었고, 환절기에는 감기와 몸살을 달고 살아야 했다.

　당신이 무기력하다면, 음식 때문일 가능성이 높다. 그러니 소박
해도 좋다. 하얀 밥에 두부와 김치만 있는 밥상이어도 좋다. 하루
한 끼만큼은 오늘 하루 열심히 살아준 나를 위해 건강한 음식을 맛
있게 먹어보자. 하루가 모여 한 달이 되고, 건강하게 먹은 음식들
이 나를 각종 질병으로부터 지켜줄 것이다.

　건강을 잃으면 아무것도 할 수 없다.

하루에 건강한 밥 한 끼 챙겨 먹기

1. 하루에 한 끼는 건강한 음식을 먹자. 당신이 꼭 만들지 않아도 좋다. 밀가루와 튀긴 음식이 아닌, 채소를 듬뿍 넣은 샐러드를 중심으로 먹어보자. 비타민이 듬뿍 들어 있는 제철 과일도 잊지 않기를!

2. 당신이 식사하는 시간을 재어보자. 지금 걸리는 속도에서 5분만 더 천천히 먹어보자. 가급적 휴대폰을 손에서 내려놓고 음식의 맛에 집중하자.

movie 〜〜〜〜〜〜〜〜〜〜〜〜〜〜〜〜〜〜〜〜〜〜〜〜〜〜〜〜〜〜〜〜

함께 보면 좋은 영화
〈카모메 식당〉, 〈하와이안 레시피〉, 〈줄리앤줄리아〉, 〈리틀 포레스트〉

☑ 퇴사 욕구 체크!

☑ 퇴사 준비를 위해 내가 새롭게 한 일

☑ 퇴사 준비를 위해 내가 만난 사람들

☑ 퇴사 준비를 위해 내가 쓰고 아낀 것들

24주 고독과 친해진다

고독과 친해져야 심장의 이야기를 들을 수 있다.

우리는 너무나 많은 정보와 소음에 노출되어 있다. 그래서 정작 자신의 마음이 하는 이야기를 듣지 못하고 다른 이들이 하는 이야기를 자신의 생각이라 믿게 된다. 나답게 사는 것이란 고독한 일이다. 어떤 길로 발걸음을 옮길지 홀로 결정해야 하고 결과에 대한 책임도 스스로 짊어져야 한다.

아이러니한 일은 세상의 흐름에 휩쓸려 살더라도 인생에 대한 책임은 결국 당신의 몫이라는 사실이다. 그러니 이왕이면 자신을 위한 선택을 해야만 한다.

그럼에도 불구하고 고독해지자.
고독해지면 삶에서 꼭 필요한 것들만 남는다.
삶이 단순해져야 중요한 것을 보고, 듣고, 느낄 수 있다.

주위를 고요하게 만들자. 찰랑이는 물결이 잔잔해질 때까지 가만히 두자. 지금 하는 생각이 나의 것인지, 사회가 심어놓은 환상인지 구분할 수 있을 정도로 말이다. 하지만 나의 생각이라고 확신하는 것조차 내 것이 아닐 수 있다. 나다운 삶을 만들어간다는 것은 이것을 확인하는 과정이다. 반짝반짝 그럴싸하지만 내 것이 아닌 것은 버리고 울퉁불퉁 까슬까슬하더라도 내 것은 온 힘을 다해 사랑하는 것, 그것이 인생이다.

뒤집어 생각해보면 놀랍지 않은가?

내가 할 수 있는 일이

세상의 모든 가능성에 열려 있다는 뜻이니까.

낯선 곳으로 혼자 떠나기

혼자 여행을 떠나자. 한 번도 가보지 않은 낯선 곳으로 향하자. 떠오르는 생각을 적을 노트와 펜을 제외하고는 짐은 최대한 간소하게 챙기자. 나에게 집중하는 데 방해가 되므로 노트북과 같은 전자제품은 가져가지 않는 것이 좋다.

혼자 있는 시간이 편안하다고 생각이 들 정도로 훈련이 되면, 이제 아무 것도 하지 않는 연습을 하자. 낯선 곳에 가만히 앉아 나를 바라보자. 나는 나에게 무슨 이야기를 하고 있는가.

☑ 퇴사 욕구 체크!

☑ 퇴사 준비를 위해 내가 새롭게 한 일

....

....

....

....

☑ 퇴사 준비를 위해 내가 만난 사람들

....

....

....

....

☑ 퇴사 준비를 위해 내가 쓰고 아낀 것들

....

....

....

....

3
Quarter

인생에서 가장
중요한 것만 남기다

우리는 길을 잃은 뒤에야,
바꿔 말하면 세상을 잃은 뒤에야 비로소
자신을 찾기 시작하고, 우리가 지금
어디쯤 있는지, 세상과의 관계는 얼마나
무한한지를 깨닫기 시작한다.

– 헨리 데이비드 소로, 《월든》

실행이 절로 되는 환경을 만들다

마음의 평정을 바란다면 일을 적게 벌여라.
우리가 말하고 행하는 것은 십중팔구 불필요한 것이므로,
그것을 버리면 시간의 여유가 생기고 마음의 동요가 줄어들 것이다.

– 마르쿠스 아울렐리우스, 《명상록》

25주 시간의 틈을 만든다

사람들은 꿈을 이루지 못한 이유를 "시간이 없어서"라는 말로 완벽하게 방어한다. 하지만 그 말은 "마음이 없어서"라고 이야기하는 것과 같다. 하고 싶은 마음이 그만큼 간절하지 않아서 시간을 내지 못한 것뿐이다.

나는 회사를 다니면서 TED 컨퍼런스를 열고, 뮤직비디오를 찍고, 직장인 네트워크 파티와 강연회를 여는 등 36개의 프로젝트를 진행했다. 회사에서 꿀 보직을 맡거나 칼 퇴근을 권장했다면 시간이 많았을 텐데, 대부분의 회사가 그렇듯 내가 다녔던 곳도 직원의 사적인 시간에 대해 너그러운 편이 아니었다. 야근이 잦았고, 주말 출근도 있었다.

한 번은 회사 전체의 IT 시스템 개발 프로젝트에 투입되는 바람에 6개월 내내 주말을 반납하고, 새벽 2시까지 일을 한 적도 있다. 그럼에도 불구하고 나에게 집중할 수 있는 시간의 틈을 갖기 위해 노력했다.

오전에 모든 메일을 읽고, 급한 업무를 집중해서 처리한 후 조용한 카페로 갔다. 따뜻한 라테를 마시고 숨을 크게 내쉬고 들이쉬며 내가 살아 있음을 확인했다. 회사 모드를 잠시 나를 위한 모드로 바꾸고, 하루를 어떻게 보낼지 생각했다. 계속 앉아서 일을 하다 보니 살도 찌고 건강도 나빠져 점심 시간 중 30분은 운동을 했고, 저녁 시간에는 간단히 바나나와 샐러드를 먹고 나머지는 개인 프로젝트를 계획하고 실행하는 시간으로 사용했다.

새로운 시작을 위해서는 그것을 충분히 고민하고 연구할 수 있는 시간이 필요하다. 그러니 시간이 없다고 생각만 하지 말고, 딱 하루만 당신이 시간을 어떻게 보내고 있는지 'TIME TREKKING (타임 트래킹)'을 해보자. 분명 시간의 틈을 발견할 수 있을 것이다. 우선은 30분이어도 좋고, 1시간이도 좋다. 당신이 진정으로 하고 싶은 것을 찾는 순간, 놀랍게도 원하는 것에 쏟는 시간이 점점 늘어날 테니까.

잘못 사용되는 시간 찾기

1. 잘못 사용되는 시간을 찾아보자. 게임을 하는 시간, TV를 시청하는 시간, 인스타그램, 페이스북, 실시간 뉴스를 스크롤링하고 있는 시간 등 당신이 생각하기에도 시간을 버리고 있다고 느낌이 드는 항목을 적어보자.

....

....

....

....

....

2. 리스트 중 '나는 최소한 ○○은 하지 않겠다'에 채워 넣을 한 가지만 골라내자. 스트레스를 푸는 당신만의 방법을 모두 지워버려서는 안 된다.

....

....

....

....

....

☑ 퇴사 욕구 체크!

☑ 퇴사 준비를 위해 내가 새롭게 한 일

....

....

....

....

☑ 퇴사 준비를 위해 내가 만난 사람들

....

....

....

....

☑ 퇴사 준비를 위해 내가 쓰고 아낀 것들

....

....

....

....

26주 오직 재미를 위한 시간을 갖는다

    회사에 입사한 지 5일 만에 머리가 지끈지끈할 정도로 퇴사를 고민하던 그때는 몰랐다. 내가 퇴사 후 책을 쓰고, 강연을 하고, 비즈니스 컨설팅을 하며 자유로운 1인 기업가로 살게 될지 말이다.

    심장이 두근거리고 통장을 채워주는 지금 하는 일들은 모두 메마른 회사생활에 단비 같은 시간을 보내기 위해 오직 재미 하나만을 생각하며 시작한 일이었다.

    '결과를 생각하지 말고, 재미있어 보이면 무엇이든 한다!'

    태어날 때부터 심장이 외부충격에 쉽게 반응하도록 설계된 것인지, 약간의 호기심에도 쿵쾅거리는 덕에 다양한 경험을 할 수 있었다. 그렇게 3년이 지나자 신기한 결과가 나왔다. 좋아하는 일이 될 거라고 생각했던 파티플래너는 이태원에서 클럽 파티를 다섯 번 주최하고 나니 질려버렸고, 나조차도 '이걸 할 수 있겠어?'라고 의심했던 강연을 매주 신나게 기획하고 있는 모습이 보였다.

그러니 시작하기 전에는 모른다.

무엇이 내가 좋아하고 잘하는 일이 될지를.

지금도 일하는 시간의 절반은 심장을 두드리는 엉뚱한 일을 하며 보낸다. 이렇게 해야 그 일이 '재미는 없지만, 돈을 벌어다 주는 일'에 속하는지, '재미있고 뿌듯하며, 돈도 들어오는 일'에 속하는지, '재미는 있지만 노력에 비해 돈이 적게 들어오는 일'에 속하는지 확인할 수 있기 때문이다. 경험이 많을수록 다양한 삶의 선택지가 생긴다.

다음과 같이 세 부류로 나누어 일을 선택하는 것이 중요하다.

3번은 주된 일로, 2번은 취미로, 1번은 되도록 선택하지 않는다.

1. 재미없는 일. 하지만 돈을 벌어다 주는 일

2. 재미있는 일. 하지만 돈을 벌 수 없거나 노력에 비해 작게 버는 일

3. 재미있는 일(뿌듯한 일). 그리고 돈을 벌어다 주는 일

결과와 상관없이 재미있는 일 찾기

1. 결과를 생각하지 말고, 재미있을 것 같은 일들을 적어보자. 당신이 할
수 있는지, 못하는지의 여부는 지금 중요하지 않다.

....

....

....

....

....

....

2. 그중 한 가지를 선택하여 시작하자. 지난주에 확보해놓은 시간의 틈에
시작해보는 거다!

나는 .... 시간에

나만을 위하여 .... 을 할 것이다

☑ 퇴사 욕구 체크!

☑ 퇴사 준비를 위해 내가 새롭게 한 일

☑ 퇴사 준비를 위해 내가 만난 사람들

☑ 퇴사 준비를 위해 내가 쓰고 아낀 것들

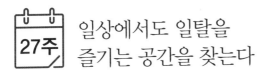

일상에서도 일탈을 즐기는 공간을 찾는다

나는 여행을 좋아한다. 그 어떤 것도 방해하지 않는 미지의 공간에서 상상력은 꼬리에 꼬리를 물고 나를 굉장한 사람으로 만든다. 상상 속에서 나는 남극 탐험가가 되었다가, 세계적인 베스트셀러 작가가 되기도 하고, 뉴욕 브로드웨이의 공연 연출가도 되어 관객들에게 기립 박수를 받기도 한다.

하지만 여행이 끝난 후 일상으로 돌아오면 상상력은 구멍 난 풍선처럼 점점 쭈글쭈글해져 언제 그런 일이 있었냐는 듯 잊어버린다. 나는 여행자의 자신감(=난 무엇이든 할 수 있어!)을 지속할 수 있는 장치를 만들기로 했다. 바로, 일상에서도 일탈을 할 수 있는 기발하고 엉뚱한 생각을 위한 상상력 공간을 마련하는 것이다.

집의 자투리 공간 한편에 파란 방석을 두고, 언제든 접었다 펼쳤다 할 수 있는 접이식 테이블을 두었다. 테이블 위에는 내가 좋아하는 하와이 스티커를 붙여놓고, 작업실 이름을 '알로하와이'라고 부르기로 했다. 방석 위에 가만히 앉아 작은 초를 켜는 순간, 작은 작업실은 무한한 상상력이 펼쳐지는 우주가 된다.

꿈을 현실로 만들어주는 공간, 알로하와이. 이곳에서 나는 지금 당신을 위한 글을 쓰고 있다. 우리의 어제보다 오늘이, 오늘보다 내일이 더 행복하길 바라며!

ALOHA!

나만의 작업실 꾸미기

1. 새로운 시작을 기대하고 있다면, 당신만의 상상력을 펼칠 공간이 필요하다. 거창하지 않아도 좋다. 집의 자투리 공간을 당신만의 공간으로 꾸며도 좋고, 식탁으로 쓰는 테이블 위에 좋아하는 소품을 두고 그것을 작업 공간이라고 이름 붙여도 좋다. 집 안에 당신을 위한 공간을 갖기 힘들다면, 조용한 카페 혹은 당신이 편안함을 느낄 수 있는 공간 어디라도 괜찮다. 단, 조용한 곳을 찾자.

2. 작업 공간에 이름을 붙인다. 나는 작업 공간을 '알로하와이'라고 부른다.

3. 작업 공간에 당신이 들어서면 곧바로 작업 모드로 변할 수 있도록, 주위에 환기 문구를 붙여놓는다. 나는 지금 책상 앞에 '스물여섯 나에게 보내는 편지 집필 중'이라고 써놓았다.

☑ 퇴사 욕구 체크!

☑ 퇴사 준비를 위해 내가 새롭게 한 일

....

....

....

....

☑ 퇴사 준비를 위해 내가 만난 사람들

....

....

....

....

☑ 퇴사 준비를 위해 내가 쓰고 아낀 것들

....

....

....

....

28주 바쁘지 않은 삶이 시작된다

여유 있는 삶을 살면서 갖게 된 습관이 있다. 일을 시작하기에 앞서 세 가지 질문을 하는 것이다.

· 하지 않아도 되는 일을 하느라 몸이 '쓸데없이' 바쁘지는 않은가?
· 생각하지 않아도 되는 일을 고민하느라 머리가 '쓸데없이' 아프지는 않은가?
· 해결할 수 없는 일의 해결책을 찾느라, 몸과 마음이 '쓸데없이' 부산하지는 않은가?

하지 않아도 되는 일과 해야 하는 일, 불필요한 생각과 필요한 생각을 구분하며 살기 전까지의 나는 굉장히 바쁜 사람이었다. 잠을 줄여가며 일을 해도 해야 할 일이 줄어들지 않았고, 일의 양은 늘었지만 통장의 잔고가 늘지 않는 아이러니 속에 쳇바퀴 돌듯 몸을 바쁘게 움직이기만 했다. 하지만 지금은 예전보다 많은 프로젝트를 하고 있지만(세 개의 사업, 칼럼 기고, 책 집필, 강연, 비즈니스 컨설팅, +α), 오히려 여유 시간이 넘쳐난다.

왜 그럴까?

효율이 다르기 때문이다.

일을 시작하기 전에 해야 할 것들의 리스트를 만든다. 우선순위를 체크하고 꼭 하지 않아도 되는 일은 과감히 버린다. 그다음, 꼭 해야만 하는 일이지만 내가 하지 않아도 되는 일은 나보다 잘할 수 있는 사람에게 부탁한다. 가능한 한 해야 할 일 리스트를 가볍게 만든 다음, 일을 하는 동안 다른 일을 걱정하지 않도록 만드는 것이 포인트이다.

가득 찬 공간에는 그 무엇도 들어오지 못한다. 바쁘다고 생각이 들 때에는 잠시 멈추어 숨을 크게 열 번 들이쉬고 내쉬며 당신이 진짜로 일을 하고 있는 것인지, 우왕좌왕하며 시간을 흘려 보내고만 있지는 않은지 살펴보자.

우선순위 매겨보기

1. 당신을 바쁘게 만드는 일의 리스트를 적어보자.

....

....

....

....

....

2. 정말로 해야 할 일과 하지 않아도 되는 일을 구분하자.

　(하지 않아도 큰일이 나지 않는 일은 과감히 지운다.)

....

....

....

....

....

....

3. 우선순위를 정한다.

4. 한 가지를 할 때에는 그것에만 집중한다.

☑ 퇴사 욕구 체크!

☑ 퇴사 준비를 위해 내가 새롭게 한 일

_____

_____

_____

☑ 퇴사 준비를 위해 내가 만난 사람들

_____

_____

_____

☑ 퇴사 준비를 위해 내가 쓰고 아낀 것들

_____

_____

_____

소비의 늪에서 벗어나다

저울 위의 한쪽에 자유를, 한쪽에 돈을 얹어 두었다.
당신의 저울은 어느 쪽이 더 무거운가?

통장 잔고와 행복의
상관관계를 이해한다

자본주의 사회에서 돈은 중요하다. 일상생활에 꼭 필요한 '자고, 입고, 먹는 것' 모두 돈 없이는 가질 수 없다. 소중한 사람이 아프거나 큰일이 생겼을 때 가장 큰 힘이 되는 것 역시 통장 잔고이다.

'돈'이 가장 중요한 가치라고 믿었을 때, 나는 돈을 주는 사람에게 복종해야만 했다. 돈을 건네는 저 손이 다음 달에도, 그 다음 달에도 내 주머니에 돈을 넣어줄 수 있도록 비위를 맞추고, 무리한 일에도 웃으며 일을 했다. 하지만 통장 잔고와 행복은 비례하지 않았다. 무기력이 극에 달할 때 즈음 읽던 책, 《월든》의 한 구절이 머릿속에 남아 빙빙 돌았다.

생계를 꾸려나가는 것을 너의 직업으로 삼지 말고 도락으로 삼아라.
대지를 즐기되 소유하지 마라. 모험심과 신념이 모자라기 때문에
사람들은 지금 있는 곳에서 벗어나지 못한 채 무언가를
사고팔면서 농노처럼 삶을 헛되이 보내고 있는 것이다.

신용카드 내역서를 보며 생활에 꼭 필요한 돈이 얼마인지 계산을 해보았다. 꼭 필요한 소비와 기분을 내기 위한 소비, 성장을 위한 소비, 그리고 불필요한 소비('시발' 비용)를 구분했다. 불필요한 소비가 상상 이상으로 많았고, 꼭 필요한 소비의 금액은 크지 않았다.

한 달을 최소 비용으로 살아보았다. 삶의 질이 떨어질 거라 예상했는데, 오히려 삶이 가벼워졌다. 현재 통장에 있는 가용 가능한 금액을 최소 생활비로 나누어보니, 회사를 더 다니지 않아도 하고 싶은 것을 준비할 수 있는 기간이 3년이나 되었다.

가벼운 마음으로 회사를 다니며 최소 생활비만큼 벌 수 있는 일을 만들기 위해 노력했다. 그리고 마침내, 회사를 웃으며 떠날 수 있었다.

소비 패턴 파악하기

1. 3개월 간 당신이 소비를 어떻게 하고 있는지 살펴보자. 가계부를 쓰는 것이 귀찮다면, 카드 내역서를 확인해도 좋다.

2. 소비를 네 단계로 나누어 구분해보자. 꼭 필요한 소비와 기분을 위한 소비, 성장을 위한 소비, 불필요한 소비(시발 비용)로 나누어 표기한다.

3. 최소한의 비용으로 한 달을 살아보자. 당신의 생활에 꼭 필요한 최소 비용은 얼마인가?

☑ 퇴사 욕구 체크!

☑ 퇴사 준비를 위해 내가 새롭게 한 일

....

....

....

....

☑ 퇴사 준비를 위해 내가 만난 사람들

....

....

....

....

☑ 퇴사 준비를 위해 내가 쓰고 아낀 것들

....

....

....

....

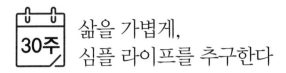

삶을 가볍게,
심플 라이프를 추구한다

스페인의 산티아고 길을 걸었다. 하루 25킬로미터, 8시간의 도보 여행이 보름간 이어졌다. 배낭에 덕지덕지 붙은 욕심이 걸음을 옮길수록, 어깨를, 다리를, 내 앞길을 짓눌렀다. 이틀째 되는 날 가방의 3분의 2를 덜어냈다.

덜어낸 물건의 대부분은 지난 한 달간의 여행 중에 제대로 쓰지 않는 것들이었다. '혹시나' 하는 마음에 한국에서 가지고 온 것들을 필요한 사람이 쓸 수 있도록 무료 나눔함에 두고 다시 길을 떠났다.

가방에서 없어졌지만, 잠시 필요해진 물건들은 길에서 만난 사람들에게 빌리고, 나 또한 빌려주며 길을 걸었다. 가방은 점점 가벼워졌고, 발걸음도 가벼워졌다. 인생이라는 여정도 마찬가지라고 생각한다. 많이 움켜지려 할수록, 내가 짊어지고 가야 하는 무게가 커진다. 오래 여행을 떠나본 사람들은 알고 있다. 살면서 꼭 필요한 것이 많지 않다는 것을 말이다.

소유에서 멀어질수록,

삶이 가벼워진다.

여행 배낭 꾸려보기

살면서 꼭 필요한 것을 두 눈으로 직접 확인해보자.
여행 배낭에 들어갈 리스트를 적어보자.

1. 한 달간의 배낭여행을 떠나기로 했다고 가정하고, 배낭을 꾸려보자.

2. 배낭을 메고 여행을 떠난다. 가능한 한 길게 떠나보자(최소한 2박을 하는 것이 좋다).

3. 배낭을 맨 채로, 1시간을 걸어본다. 가방의 무게를 온전히 느껴본다. 숙소로 돌아와 자기 전, 가방의 물건을 모두 꺼내어 오늘 사용한 물건과 사용하지 않은 물건을 구분한다.

4. 필요한 것만 가방에 넣고, 나머지는 따로 빼 둔다.

5. 다음 날, 가벼워진 가방을 메고 여행을 하자. 자기 전 여행 중에 부족한 물건이 있었는지, 아니면 더 덜어낼 물건이 있는지 다시 살펴보자.

movie ~~~~~~

〈와일드〉

☑ 퇴사 욕구 체크!

☑ 퇴사 준비를 위해 내가 새롭게 한 일

☑ 퇴사 준비를 위해 내가 만난 사람들

☑ 퇴사 준비를 위해 내가 쓰고 아낀 것들

31주 나의 성장과 꿈에 투자한다

경험이 많을수록

삶의 선택지가 다양해진다.

지난 시간에 함께 해보았던 최소 생활비로 살아보기 연습을 돈을 아껴 써야 한다는 말로 오해하지 않았으면 한다. 돈을 제대로 쓰기 위해 자신의 소비 패턴을 파악하고 최소 비용으로 사는 연습을 해보자는 것이다.

자유를 위해서 '최소 비용'으로 살아야 한다고 하면, 많은 사람이 주춤할 것이다. 나 또한 자본이 주는 달콤함을 놓치고 싶지 않은 사람이다. 하지만 내가 꿈꾸는 하루는 하나를 얻기 위해 다른 하나를 포기하는 것이 아닌, '좋아하는 일'을 하면서 '돈 걱정 없이'가 동시에 가능한 삶이었다. 이를테면 원한다면 언제든지 파란 바닷가가 펼쳐진 리조트로 여행을 가고, 분위기 있는 곳에서 식사를 하는 삶 말이다.

당신은 어떻게 살고 싶은가? 하고 싶지 않은 일로 인생을 채워 가고 싶지 않다면, 휴대폰에 사진으로만 저장해두던 이상적인 삶에 가까이 다가가고 싶다면, 돈을 컨트롤할 수 있는 능력을 키워야 한다.

그중 첫 번째 단계는 '힘들게 돈을 벌고 있는데 이것도 못 사!' 하며 스트레스를 풀기 위해 질러버린 시발 비용을 제로로 리셋하는 것이다. 두 번째 단계는 새나가던 비용을 새로운 경험을 위해 제대로 쓰는 것이다.

이렇게 마련한 돈으로는 어학 공부나 다이어트처럼 누구나 해봤을 일에 지출하기보다 프리 다이빙, 경마, 라틴댄스, 드론 조정, 양조 등 '배워서 어디에 써먹지?'라고 생각되는 엉뚱한 일에 도전하는 것을 추천한다.

아니면 금액 때문에 항상 마음속에만 담아 두던 것들을 (크리스마

스에 뉴욕에서 뮤지컬 관람하기, 경비행기로 하와이 빅 아일랜드 상공에서 용암 사진 찍기, 체 게바라 모자 쓰고 쿠바에서 춤 배우기… 그게 무엇이든!) 오직 당신을 위해 멋진 경험을 선물하기를 바란다.

엉뚱하고 새로운 경험을 통해
당신의 삶이 풍요로워지기를!

시발 비용을 성장 비용으로 전환하기

1. 하고 싶지만 비용 때문에 망설였던 것들의 리스트를 만들어보자.

2. 시발 비용으로 나가던 지출 전부를 당신을 위해 사용하자.

☑ 퇴사 욕구 체크!

☑ 퇴사 준비를 위해 내가 새롭게 한 일

....

....

....

....

☑ 퇴사 준비를 위해 내가 만난 사람들

....

....

....

....

☑ 퇴사 준비를 위해 내가 쓰고 아낀 것들

....

....

....

....

32주 돈 때문에 포기한 꿈을 되찾는다

"당신이 꿈꾸는 삶을 위한, 오늘을 설계해드립니다."

이 문구를 보고 가슴이 두근거린 사람들이 액션랩을 찾는다. 그리고 나는 지금 하고 있는 일 중 이 일을 가장 사랑한다. 15년간 마음속으로 간절히 바라기만 했던 '연극배우'의 꿈을 액션랩을 찾아온 지 4주 만에 이룬 친구가 있다. 그녀는 연극배우가 너무 하고 싶었지만 돈이 없어 곤란한 상황을 겪어봤기 때문에 회사에서 주는 월급을 포기할 수 없었다고 했다. 무엇보다 배우라는 직업에 어울리는 외모가 아니라고 생각해서 오디션을 본 적도 없다고 말하며 눈물을 글썽였다.

배우라는 직업이 다른 것을 다 포기하고도 하고 싶을 만큼 자신을 즐겁게 해주는 일인지 확인부터 하기 위해 우리는 오디션을 여는 극단을 조사했다. 마침, 성북동에 있는 한 극단이 새로 무대에 올리는 연극의 배역을 찾고 있었다. 서류 접수 마지막 날까지 여전히 자신 없어 하는 그녀의 등을 떠밀어 서류를 넣고 오디션까지

볼 수 있도록 응원했다. 그리고 두 달 뒤 연극 무대 위에서 열연하는 '꿈을 이룬 한 사람'을 만날 수 있었다. 커튼콜이 끝난 후 꽃다발을 건네는 내게 그녀는 다음과 같이 말했다.

"싫기만 했던 회사의 제 자리가 사랑스러워 보여요. 연극은 취미로 계속 하기로 했어요."

돈이 많지 않아도 우리는 무엇이든 시도할 수 있다. 단지, 도처에 널려 있는 기회를 혼자서는 찾기 어렵기 때문에 쉽게 포기한다. 부디 당신의 꿈이 손에 닿지 않는 안타까움으로만 남겨둔 채 죽음을 맞이하지 않기를 바란다.

망설였던 것들 해보기

하고 싶지만 비용 때문에 망설였던 꿈들의 리스트 중, 돈 없이도 할 수 있는 것을 찾아보자. 리스트를 뚫어지게 쳐다보거나 주변에 자문을 구하면 분명 답이 나올 것이다.

tip ~~~~~~

"오, 재미있겠네!' 나도 해볼래!"

내가 하고 있는 모든 일들은 늘 이런 방식으로 생겨났다. 놀랍게도 학위나 자격증이 만들어준 일은 하나도 없다. 단지 인생에서 풀어야 할 숙제를 열심히 풀면서, 혹은 단순한 호기심으로 시작한 일을 궁금증이 끝날 때까지 캐내면서, 그렇게 시간이 흐르면서 자연스레 직업이 하나둘 만들어졌다.

☑ 퇴사 욕구 체크!

☑ 퇴사 준비를 위해 내가 새롭게 한 일

. . . .

. . . .

. . . .

. . . .

☑ 퇴사 준비를 위해 내가 만난 사람들

. . . .

. . . .

. . . .

. . . .

☑ 퇴사 준비를 위해 내가 쓰고 아낀 것들

. . . .

. . . .

. . . .

. . . .

나의 열렬한 응원군과 연결되다

내가 만나는 사람이
곧 삶의 거울이 된다.

33주 나의 하루를 채우는 사람들을 재배치한다

어릴 적 길가에 버려진 강아지를 키운 적이 있다. 처음에는 늘 구석에 숨어서 눈치를 보다 밥 먹을 때만 거실로 나왔는데, 늘 예쁘다고 해주고, 안아주고, 사랑으로 키우니 한 달도 안 되어 집 안을 자기 마음대로 뛰어다니는 애교 많은 강아지가 되었다.

나는 자존감이 높다. 안 된다는 말보다 무엇이든 해보고 결정하라는 이야기를 듣고 자랐고, 내가 내린 결정을 존중하는 분위기에서 자랐다. 그렇기 때문에 시행착오도 많이 겪고, 책임 또한 고스란히 나에게 돌아왔지만 이 모든 과정이 나를 단단하게 만들어주었다.

내 주변은 나를 응원하는 사람들로 채워져 있다. 새롭게 시작하는 일이 망설여지거나, 마음대로 일이 풀리지 않아 속상할 때마다 언제든지 찾아가 힘이 되는 말을 들을 수 있는 가족과 친구가 있다. 이 관계들이 나를 천하무적으로 만들어준다.

당신은 어떤 사람과 하루를 보내는가.

긍정적인 사람? 매사에 투덜거리는 사람?

당신을 칭찬하는 사람? 작은 것에도 당신의 꼬투리를 잡는 사람?

당신을 높게 평가하고 응원해주는 사람? 당신을 하찮게 생각하는 사람?

혹시나 주변에 후자인 관계가 많다면, 빨리 정리하기를 바란다. 사람은 환경의 동물이기 때문에 부정적인 에너지가 넘쳐나는 곳에서는 밝은 사람도 긍정 에너지를 발산하기가 힘들다. 지금의 주변 환경을 바로 바꿀 수가 없다면 (부정적인 에너지가 많은 곳이 회사라면?!) 부정적인 에너지를 상쇄시켜줄 긍정의 부족들을 찾길 바란다.

당신에게는 벌써 한 명의 동료가 있으니 힘을 내기를!

내가 언제나 당신의 앞길이 꽃길이기를 응원하는 동료가 되겠다!

나를 응원해줄 사람 찾기

1. 당신과 하루의 대부분을 보내는 사람들의 리스트를 적어보자. 어떤 사람들인가?

....

....

....

....

....

....

2. 당신의 친구들 리스트를 적어보자. 어떤 사람들인가?

....

....

....

....

....

☑ 퇴사 욕구 체크!

☑ 퇴사 준비를 위해 내가 새롭게 한 일

....

....

....

....

☑ 퇴사 준비를 위해 내가 만난 사람들

....

....

....

....

☑ 퇴사 준비를 위해 내가 쓰고 아낀 것들

....

....

....

....

34주 함께 있으면 기분 좋은 사람들을 만난다

만나면 힘이 되는 사람이 있다.

아이디어를 공유했을 때 안 된다고 말하기보다 방법을 함께 찾자고 이야기하는 사람들, 그리고 문제에 부딪혔을 때 다른 이의 방법을 차용하기보다 자신만의 답을 찾기 위해 고군분투하는 사람을 만나면 나도 할 수 있을 것 같은 자신감이 생겨난다.

만나면 기분 좋은 사람이 있다.

자신이 원하는 것을 명확히 알고 이루기 위해 노력하는 사람들, 그들의 얼굴은 언제나 설렘과 기대감으로 빛이 난다. 그들을 만나기만 하면 나는 어느새 수다쟁이가 되어 계획하고 있는 일들을 술술 말하게 되고, 얽혀 있던 문제를 쉽게 풀어내기도 한다.

만나면 힘이 되거나, 기분 좋은 사람을 회사에서 찾을 수 있다면 행운이지만 그렇지 않다 하더라도 실망할 필요는 없다. 아주 많은 모임이 매일 열리고 있기 때문이다. 각종 동호회 소셜 플랫폼이나 페이스북에서 알려주는 주위의 이벤트를 눈여겨보기만 해도, '우왓! 이런 것도 있어! 재미있겠다!' 하는 단체들을 찾을 수 있다.

나와 비슷한 생각을 하는 사람들을 찾기 위한 팁이 있다면, 강연 모임보다 토론 모임이나 파티에 자주 참여하는 것을 추천한다. 대화를 나누어봐야 어떤 사람들이 있는 모임인지, 나와 관심사가 비슷한지 알 수 있기 때문이다. 나는 새로운 모임이 마음에 들었을 때는 마지막까지 남아 행사 후 마무리를 돕고, 뒤풀이를 따라가기도 했다. 뒤풀이에는 핵심 멤버들이 모여 있고, 소수의 사람들만 남아 있으니 진솔한 이야기도 할 수 있다는 것은 '안 비밀!'

같은 꿈을 꾸는 사람 찾기

1. 만나면 기분 좋은 사람들(같은 관심사를 가진 사람들)이 모여 있는 곳을 찾는다.

2. 만나면 힘이 되는 사람들이 모여 있는 곳을 찾는다.

☑ 퇴사 욕구 체크!

☑ 퇴사 준비를 위해 내가 새롭게 한 일

☑ 퇴사 준비를 위해 내가 만난 사람들

☑ 퇴사 준비를 위해 내가 쓰고 아낀 것들

35주 먼저 길을 걸어간 사람들을 만난다

지금의 삶이 마음에 들지 않다고 말하는 것은 어딘가에서 당신이 진정으로 원하는 삶을 보았고, 그것과 지금의 삶이 비교되기 때문이다.

나는 퇴사를 하기 전에 똑같은 실수(=회사생활을 원한다고 생각했지만, 사실이 아니었던)를 반복하지 않기 위해, 내가 살고 싶은 삶을 이미 사는 사람들을 다양하게 만나보려고 노력했다. TV와 책에서만 보던 유명한 분들도 요즘은 대부분 SNS를 하고 있거나 개인 홈페이지가 있어 개인적으로 연락을 하는 것이 어렵지 않았다. 연락처를 얻지 못하면, 그분들이 나오는 강연회를 찾아가 정성스레 쓴 장문의 손 편지를 내밀었다.

편지에는 내가 누구인지, 어떠한 고민을 하고 있는지, 왜 당신을 만나고 싶었는지에 대해 솔직하고 담담하게 썼다. 편지를 받은 분들 대부분은 자신의 시간을 들여 나를 만나주었고, 내 이야기에 귀를 기울여주었다. 그중 몇몇 분은 내가 만나면 도움이 될 것 같다며 자신의 친구를 소개해주기도 했다. 귀중한 만남들 속에서 내가 살고 싶은 삶을 더욱 구체적으로 그려볼 수 있었고, 그것을 현실로 만들기 위해 무엇을 준비해야 하는지도 알 수 있었다.

시간이 한참 지나서 나를 만나준 분들께 물어보았다. 바쁜 와중에 당신에게 아무것도 도움이 될 것 없는 나를 왜 만나주었는지 말이다. 나의 간절한 편지에서 당신의 어린 시절이 떠올랐고, 정중한 태도에 마음이 흔들려 이야기를 나누었고, 대화가 즐거워 다음 만남이 기대가 되었다고 했다.

당신이 어떤 삶을 꿈꾼다면, 그리고 가장 빠른 방법을 찾고 싶다면, 그 삶을 이미 살고 있는 사람을 찾아보자. 다만 한 가지 당부는, 당신에게 귀중한 시간을 내어줄 분들에게, 당신은 무엇을 해드릴 수 있는지 꼭 고민하고 찾아가기를 바란다.

Give & Take!
세상에 공짜는 없으니까!

귀인 찾기

1. 당신이 꿈꾸는 삶을 이미 살고 있는 사람의 리스트를 만든다.

....

....

....

....

....

2. 그 사람의 어떤 모습이 당신으로 하여금 '꿈꾸는 삶'이라고 생각하게 만들었는지 이유를 구체적으로 적는다.

....

....

....

....

....

3. 만남을 요청하는 편지를 쓰자. 정중하고 솔직하게.

....

....

....

....

....

tip ~~~~~~

찾아갈 때, 맛있는 케이크이나 와인 등 성의를 표시할 수 있는 작은 선물을 꼭 챙겨가자.

☑ 퇴사 욕구 체크!

☑ 퇴사 준비를 위해 내가 새롭게 한 일

☑ 퇴사 준비를 위해 내가 만난 사람들

☑ 퇴사 준비를 위해 내가 쓰고 아낀 것들

36주 꿈꾸는 삶을 미리 살아본다

퇴사를 준비한 5년 중 3년의 '월화수목금토일'은 약속으로 항상 가득 차 있었다. 부족을 만나고, 프로젝트를 만들고, 가고 싶은 길을 이미 걷고 있는 사람들을 따랐다.

퇴사 후 당신은 어떻게 살고 싶은가?
하루를 구체적으로 그려본 적이 있는가?

회사원의 눈에, 내가 바라던 삶은 위험도가 꽤 높은 삶이었다. 일정한 월급이 없는, 불안정해 보이는 그런 삶 말이다. 하지만 그 길을 이미 걷고 있는 사람들을 만나면서 막연했던 불안감을 떨쳐낼 수 있었다.

그 삶을 더 면밀히 들여다보기 위해 휴가를 내고 지방으로 내려가 하루의 시작과 끝을 관찰했다. 어떤 이에게는 힘들어 보일 수 있는 그들의 삶이 나에게는 심장이 두근거리는 삶으로 점점 다가와 박혔다.

나는 자신의 콘텐츠가 있는 사람들이 늘 부러웠다. 노력한 만큼 성장할 수 있는 삶, 시간이 지날수록 전문가로 인정받을 수 있는 삶, 50대, 60대, 나이가 들어도 즐겁게 계속할 수 있는 일이 있는 그런 삶 말이다. 그리고 무엇보다 시간 관리를 스스로 할 수 있다는 점이 나의 삶을 자유롭게 할 것이라는 믿음이 있었다.

모든 직업, 모든 삶에는 어두운 면과 밝은 면이 공존한다. 그러니 결정을 내려야 할 때는 꼭 당신이 어두운 면까지 끌어안을 수 있는지 확인하고 나서 선택하기를 바란다.

힘든 점, 분명 있다.
하지만 누가 뭐라 해도 나는 지금의 내 삶이 좋다.

이렇게 말 할 수 있는 직업으로, 삶으로!

객관적으로 구체적으로
퇴사 후 삶 그려보기

1. 당신이 꿈꾸는 삶의 밝은 면과 어두운 면을 꼼꼼히 조사해보고 적어보자.

밝은 면	어두운 면

2. 어두운 면의 리스트를 보면서, 당신이 견딜 수 있는지 생각해보자.

☑ 퇴사 욕구 체크!

☑ 퇴사 준비를 위해 내가 새롭게 한 일

....

....

....

....

☑ 퇴사 준비를 위해 내가 만난 사람들

....

....

....

....

☑ 퇴사 준비를 위해 내가 쓰고 아낀 것들

....

....

....

....

4
Quarter

마이 리얼 비즈니스,
이제 진짜 시작이다

인간의 욕망이 바로 그의 운명이다.
왜냐하면 그의 욕망이 바로
그의 의지이기 때문이다.
그리고 그의 의지가 곧 그의 행위이며,
그의 행위가 곧 그가 받게 될 결과이다.

– 《티벳 사자의 서》

10 자금이 없어도 할 수 있는 비즈니스를 기획하다

삽질 No, No!
가까운 길을 돌아가지 않는 네 가지 룰

나를 브랜딩한다

내가 그의 이름을 불러 주었을 때

그는 나에게로 와서 꽃이 되었다.

말의 힘은 강력하다. 조선의 선비는 그 힘을 자신의 이름으로 가져왔다. 율곡 이이, 추사 김정희, 여유당 정약용. 부모님이 지어주신 이름 외에 본인의 의지와 사상, 취향이 담긴 '호'를 만들어 자신을 불렀다. 스스로 만든 한 단어는 그가 상상하는 이상적인 인간이 되도록 부단히 노력하게 만들었다.

액션건축가

액션건축가는 주어진 삶에서 스스로 만들어가는 삶으로 변화하는 시점에 스스로 지은 이름이다. 죽는 순간 떠오르는 아쉬움이 없도록, 생각을 행동으로 옮기며 살자는 의미였다. 시간이 지나고 어느새 이름과 닮아 있는 나와, 다른 사람의 삶을 건축하는 사람이 되어 있는 나를 발견한다.

10년 후 당신은 어떤 사람을 불리고 싶은가.

스스로 이름을 짓는 순간, 새롭게 태어난 당신을 발견할 수 있을 것이다.

매일 아침 일어나 이미지 트레이닝을 한다.

나는 누구인가.

무엇이 되고 싶은가.

그것을 위해 오늘 해야 할 일은 무엇인가.

당신이 만든 그 이름이 꿈꾸는 오늘과 내일로 이끌어줄 것이다.

나를 정의하는 이름 짓기

1. 10년 후 당신은 어떤 사람으로 불리고 싶은지 생각해보자.

2. 당신이 꿈꾸는 이상적인 사람을 가장 잘 표현하는 한 단어로 이름을 짓자.

3. 가장 잘 보이는 곳에 이름을 적어 붙여놓는다.

☑ 퇴사 욕구 체크!

☑ 퇴사 준비를 위해 내가 새롭게 한 일

....

....

....

....

☑ 퇴사 준비를 위해 내가 만난 사람들

....

....

....

....

☑ 퇴사 준비를 위해 내가 쓰고 아낀 것들

....

....

....

....

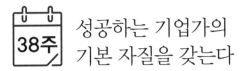

성공하는 기업가의
기본 자질을 갖는다

사업하는 사람이 가장 중요하게 생각하는 것이 무엇일까? 당신이 회사에서 나와 자신의 사업을 하길 바란다면 항상 마음속에 담아두어야 할 네 가지 규칙 중 가장 중요한 규칙을 이야기하려고 한다.

인형 뽑기 가게가 유행처럼 생겨날 때였다. 단골 모자가게 사장님과 함께 점심을 먹고 소화도 시킬 겸 인형 뽑기 가게에 들어갔다. 그 사장님은 사뭇 진지한 표정으로 만 원짜리 한 장을 기계 속으로 밀어 넣고, 조이스틱을 잡았다. 그리고 5분 뒤, 내 품에는 여섯 개의 인형이 안겨져 있었다. 눈이 휘둥그레져 왜 이렇게 잘하냐고 묻자 웃으며 대답했다.

"유튜브 영상 보며 얼마나 열심히 공부했는데, 사업가는 돈을 허투루 투자하지 않아."

지속적인 흑자 경영을 하는 사업가들은 모두 한결같았다. 특히 처음 하는 사업은 필요한 모든 것을 세팅하고 시작하지 않고 꼭 필요한 부분만 투자한 후 실제로 잘 되는지 확인 작업을 거쳤다. 이러한 태도는 그들의 사업 위험을 최소한으로 줄여주었다.

그러므로 사업을 꿈꾸는 사람이라면, 위험요소가 가장 적은 '지적자본가'가 되길 권한다. 자신만의 지적콘텐츠를 개발하여 만든 사업은 잃는 것이 없는 유일한 사업이다. 우선 초기자본이 거의 들어가지 않고, 성과가 바로 나지 않더라도 모든 경험이 다음 사업의 성공률을 높여준다. 게다가 미래에는 인공지능 기술이 만들기 힘든 무형자산(콘텐츠)의 가치가 더더욱 올라갈 것이다.

어떻게 시작할 수 있을지 고민이 된다고 해도, 지금은 걱정하지 말자. 뒤에서 천천히 다룰 것이다.

돈 없이도 할 수 있는
지적콘텐츠 구상하기

퇴사 후, 책방이나 카페를 꿈꾸었더라도 지적콘텐츠로 사업을 만드는 연습을 먼저 해본 후 시작할 것을 권한다. 적어도 당신만이 할 수 있는 특색 있는 콘텐츠를 개발하여 사람들이 알아줄 때까지는 말이다. 매월 고정 비용이 들어가는 사업은 '잘 된다'라는 확신이 든 후에 투자하는 것이 정신 건강에도 좋다!

☑ 퇴사 욕구 체크!

☑ 퇴사 준비를 위해 내가 새롭게 한 일

....

....

....

☑ 퇴사 준비를 위해 내가 만난 사람들

....

....

....

☑ 퇴사 준비를 위해 내가 쓰고 아낀 것들

....

....

....

....

39주 나의 가치를 올린다

친한 친구들은 나를 '이태공'이라고 부른다. 시간을 낚듯이 한가로운 삶을 살고 있는 내가 이태공처럼 보였나 보다. 인생의 터닝 포인트가 될 '퇴사'를 결심했을 때 앞으로는 여유와 즐거움이 가득한 삶을 살겠다고 다짐했다. 그리고 지금, 그 꿈이 현실이 되었다.

더 바쁘게 살겠다고 회사를 나오는 사람은 없을 것이다. 하지만 회사 밖으로 나와 '나의 움직임 = 들어오는 돈'의 상관관계에 얽매이기 시작하면 오히려 회사에 다닐 때보다 더 숨 가쁘게 살게 된다. 지금껏 '바쁜 삶 콘테스트'의 상위권에 있었음에도 불구하고 원하는 것들이 점점 멀어져가는 현실을 보며, 좀 더 잘 살기 위해 다른 방법을 연구해보았다.

시간과 돈을 컨트롤하기 위해 끊임없이 고민하고 연구하며 얻은 '시간과 돈'의 상관표를 공개한다.

계산하기 쉽게 원하는 삶을 영위하기 위해 한 달에 필요한 금액을 500만 원이라고 하자.

1시간 500만 원 = 1시간
1시간 100만 원 = 5시간 (하루)
1시간 50만 원 = 10시간 (이틀)
1시간 10만 원 = 50시간 (일주일)
1시간 1만 원 = 500시간 (한 달)

가령 당신의 가치가 시간당 500만 원이라면 한 달에 필요한 금액을 벌기 위해서 1시간을 일하면 되지만, 시간당 1만 원이라면 주말 없이 야근하며 한 달 내내 일을 해야 한다. 위로 올라갈수록 '나의 움직임 = 들어오는 돈'의 상관관계에서 자유로워진다. 필요한 돈은 조금만 움직여도 손에 들어오니 나머지 시간은 선택하여 일을 하면 된다는 뜻이다.

당신의 가치를 높이려면 지금 무엇을 해야 하는지 생각해보자.

내 몸값 계산해보기

1. 당신의 현재 가치를 계산해보자.

....

....

....

....

2. 앞으로 어떤 가치의 사람이 되고 싶은가?

....

....

....

....

3. 당신의 가치를 높이려면 지금 무엇을 해야 하는지 생각해보자.

....

....

....

....

☑ 퇴사 욕구 체크!

☑ 퇴사 준비를 위해 내가 새롭게 한 일

. . . .

. . . .

. . . .

☑ 퇴사 준비를 위해 내가 만난 사람들

. . . .

. . . .

. . . .

☑ 퇴사 준비를 위해 내가 쓰고 아낀 것들

. . . .

. . . .

. . . .

. . . .

시간을 내 마음대로 조절한다

돈이 있으면 시간을 살 수 있고,

시간이 있으면 돈을 만들 수 있다

삶을 풍요롭게 만들어줄 수 있는 두 가지 무기가 있다. 하나는 돈이고, 하나는 시간이다.

금수저가 아니라면 빠른 시간 안에 돈을 무기로 갖기 어렵다. 하지만 낙담하지는 말자. 우리는 시간이라는 무기가 있으니까 말이다. 시간이 있으면 우리는 무엇이든 할 수 있다. 시간당 나의 가치가 올라갈수록, 다른 사업을 생각할 수 있는 여유 시간이 많아진다.

여유 시간이 많아질수록 부의 서클은 커지게 되어 있다.

시간당 나의 가치 ↑ = 시간 ↑ = 부의 서클 ↑

처음에 만드는 사업이 지적콘텐츠를 활용한 강연 사업이라면 당신이 어떤 장소에 머물러야지만 수입이 들어올 것이다.

그런데 만약 시간적 여유가 있다면 콘텐츠를 영상으로 제작해 당신이 그 자리에 없어도 계속 수입이 창출되는 사업을 만들어볼 수 있다. 또 그렇게 생긴 여유 시간에 평소 하고 싶었던 일이지만 시간이 많이 필요할 것 같아 차선으로 미뤄두었던 다른 사업을 시작해볼 수 있다.

일에 함몰되어 무리해서 몸을 쓰다보면 경주마처럼 앞만 보고 달리게 된다. 한 번 방향을 잃고 중심이 흔들리면 불안감에 휩싸여 바쁘지 않은 자기 자신을 견디지 못하고 무리해서 일을 하게 되는 악순환에 빠진다.

잊지 말자. 계속해서 즐거운 삶을 살기 위해서는 상상을 현실로 만들 시간이 필요하다.

상상을 현실로 만들기

기억하자. 여유가 있어야 부의 서클이 커진다.

1. 우선 여유 시간을 확보하자.
· 현재 진행하고 있는 일의 리스트를 만들어보자.
· 일의 우선순위를 만들고, 하지 않아도 되는 일은 과감히 지운다.
· 단순하고 반복적인 일은 매뉴얼을 만들어 다른 이에게 맡긴다.
· 비용이 들더라도, 당신에게 생소한 전문분야의 일은 전문가에게
　맡기는 것이 시간과 노력을 아끼는 일이라는 것을 기억하자.

2. 여유가 있어야 부의 서클이 커진다.

· 휴식: 낮잠, 반신욕, 산책을 추천한다. 충분한 휴식 속에 새로운 아이디어가 샘솟는 것을 느낄 수 있다.

· 리뉴얼: 지금 하고 있는 일을 새로운 시각으로 바라본다. 떠오르는 창의적인 생각들을 마음껏 펼쳐보고, 현재 하고 있는 일에 적용해본다.

· 뉴 스타트: 우선순위 두 번째에 랭크된 새로운 일을 시작해보자. 시간과 에너지를 자유롭게 컨트롤할 수 있게 된다면, 여러 가지 일을 동시에 시작할 수 있다.

☑ 퇴사 욕구 체크!

☑ 퇴사 준비를 위해 내가 새롭게 한 일

....

....

....

....

☑ 퇴사 준비를 위해 내가 만난 사람들

....

....

....

....

☑ 퇴사 준비를 위해 내가 쓰고 아낀 것들

....

....

....

....

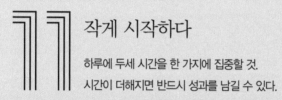

작게 시작하다

하루에 두세 시간을 한 가지에 집중할 것.
시간이 더해지면 반드시 성과를 남길 수 있다.

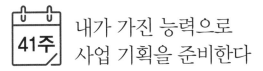

내가 가진 능력으로
사업 기획을 준비한다

지금 바로 당신의 사업을 기획해보자.

방법은 간단하다. 사소하다고 생각했던 당신의 능력을 찾아 그 것을 사업으로 만들어보는 것이다. "아무리 찾아봐도 저는 없어요" 라고 말하는 당신에게 들려주고 싶은 이야기가 있다.

할리우드 단역 배우였던 맥카시는 강아지 산책이라는 부업을 알 아보던 도중 도저히 동물의 배설물을 치우고 싶지 않다는 생각을 하다가 '사람 산책'이라는 사업 아이템을 떠올렸다. 그는 자신을 사 람 산책업자라고 부르며 광고를 통해 산책 서비스를 소개했다. 그 가 하는 일은 간단하다. 고객과 함께 정해진 시간에 산책을 하고 그 들의 이야기를 들어주는 것이다. 서비스 요금은 1.6킬로미터당 8 천 원. 그와 함께 산책하는 것을 원하는 사람이 점점 많아져 회사를 차리고 직원도 뽑게 되었다.

"세상에! 산책이 사업이 되다니!"라고 무릎만 치지 말고 곰곰 생각해보자. 지금 다니는 회사의 업무에서 힌트를 얻을 수도 있다. 액션랩에서 만난 한 친구는 인문계를 나와 회사에서 IT업무를 하는 것이 불만이었다. 하지만 지금은 그 경험으로 '인문대생 IT업무 적응기' 콘텐츠를 만들고 책을 쓰고 있다.

당신이 가볍게 시작할 수 있는 일, 누군가에게 알려줄 수 있는 당신만의 비법으로도 사업을 할 수 있다. 어머니가 알려준 요리 레시피도 괜찮고, 당신만 알고 있는 동네의 숨은 장소를 알려주는 것만으로도 충분히 좋은 사업 아이템이 된다. 맥카시의 사람 산책 아이템처럼 말이다.

무엇이든 사업이 될 수 있다. 단지 첫걸음을 떼느냐 마느냐의 문제일 뿐이다.

사소해 보이는 사업 아이템 적어보기

1. 누군가에게 알려줄 수 있는 것 두 가지를 우선 찾는다. 커피 맛있게 내리는 방법, 내가 사는 동네의 맛집 등 무엇이든 괜찮다.

하나.

둘.

SELF CHECK

☑ 퇴사 욕구 체크!

☑ 퇴사 준비를 위해 내가 새롭게 한 일

☑ 퇴사 준비를 위해 내가 만난 사람들

☑ 퇴사 준비를 위해 내가 쓰고 아낀 것들

린 스타트업을 시작한다

"난 아직 준비가 되지 않았어요."

당신이 기획한 콘텐츠를 세상에 바로 선보이자고 이야기하면 이구동성으로 말한다. 알고 있다. 하지만 그 마음으로는 준비만 하다 지쳐 나가떨어질 확률이 높고, 그보다 더 큰 문제는 고객의 반응을 알지 못한 채 '오직 자신만의 상상'으로 계속 발전시킬 가능성이 높기 때문이다. 그러니 잘못된 준비를 하는 데 시간을 낭비하지 않도록 기획 초반에 고객의 피드백을 받는 것이 중요하다.

실리콘밸리에서는 이것을 린 스타트업(Lean Startup)이라고 부른다. 완벽한 최종 제품으로 대중에게 출시하려고 노력하는 동안 세상이 빠르게 바뀌고 대중에게 필요한 것이 빠르게 달라지자 예측 불가능한 상황의 위험도를 최소화로 줄이기 위해 생각한 기법이다.

시제품을 신속하게 만들어 사용자에게 선보이고 그에 대한 피드백을 수집해 제품 개발에 반영하면서 고객의 니즈와 함께 성장해나가는 방법이 가장 안전하다. 그러니 회사생활을 하며 얻게 된 습관 '보고서를 완벽하게 작성해서 제출해야지' 하는 생각은 잠시 내려놓고 스타트업의 대표가 되어 세상에 뛰어들자.

시작은 거창하지 않아도 좋다. 베타테스트 정도로 가볍게 생각하고 나에게 어떤 이야기든 가감 없이 해줄 수 있는 지인 5명을 초대하자.

지인에게 피드백 받아보기

사업의 시작을 위해 지인 5명을 초대하자. 처음에는 '고작 5명 앞에서?'라는 생각이 들지도 모른다. 하지만 점점 약속 시간이 다가올수록 초대한 사람들을 충족시키기 위해 시연 시간 1분 전까지 최선을 다해 준비하고 있는 당신을 발견할 수 있을 것이다.

초대받은 사람과 초대한 사람이 지켜야 할 룰이 있다.

초대한 사람

1. 최선을 다해 준비한다.
2. 이 서비스가 만들어진다면 받을 수 있는 금액의 10퍼센트를 친구들에게 받는다. 나중에 다른 방식으로 돌려줘도 좋다. 돈을 받게 되는 순간, 공기의 무게가 달라지기 때문에 적은 돈이라도 받길 바란다.

초대받은 사람

1. 서비스가 가치 있는 것인지 솔직하게 이야기해야 한다.
2. 서비스의 장점과 단점을 솔직하게 이야기한다.
3. 서비스를 개선하기 위한 수정 사항을 구체적으로 이야기한다. 서비스를 없애는 것이 이 모임의 목적이 아니다. 아이디어를 더해 나은 버전으로 함께 만들자.

☑ 퇴사 욕구 체크!

☑ 퇴사 준비를 위해 내가 새롭게 한 일

....

....

....

....

☑ 퇴사 준비를 위해 내가 만난 사람들

....

....

....

....

☑ 퇴사 준비를 위해 내가 쓰고 아낀 것들

....

....

....

....

43주 검증된 플랫폼을 이용한다

처음 기획안에 지인의 의견이 더해져 기획안 V2가 완성되었다. 이제 당신이 만든 서비스를 세상에 선보일 차례이다. 사업자등록증도 내야 하고, 장소도 마련해야 하고 할 일이 많다. 고객을 어떻게 모으고 홍보할지 등 고민이 생기겠지만 지금 당장 걱정은 하지 않아도 된다.

그보다 먼저 할 일은 내가 선보일 서비스를 모아서 보여주는 큰 플랫폼을 찾는 것이다. 예를 들면 숙박업을 하는 사람은 에어비엔비, 요식업을 하는 사람은 배달의 민족 등에 등록하듯이 당신이 기획한 콘텐츠를 판매하는 플랫폼을 먼저 찾자.

내 홈페이지를 바로 여는 것보다 플랫폼에 먼저 등록하는 것을 권장하는 이유는 플랫폼 관계자의 조언을 들을 수 있기 때문이다. 가령 에어비엔비에 트래블 서비스를 올렸더니 기획안을 더 세련되게 바꿀 수 있는 아이디어 회의 전화가 왔고, 콘텐츠 플랫폼 회사 퍼블리에 기획안을 보냈더니 마케터와 회의를 할 수 있는 기회가 주어졌다.

플랫폼 회사는 이미 당신의 서비스와 결이 비슷한 콘텐츠를 많이 팔아보았기 때문에 '시장이 좋아하는 콘텐츠인지 아닌지' 정확히 집어낸다. 그러므로 연락이 오지 않으면 직접 전화를 걸어 어떤 부분이 수정되어야 하는지 자세히 물어보고, 기획안을 다듬어 '누가 봐도 팔릴 만한 콘텐츠'가 될 수 있도록 보완하자.

그렇다면 초기비용이 들어가는 프로젝트(콘텐츠)는 어떻게 할까? 텀블벅과 유사한 클라우드 펀딩 플랫폼을 이용하면 미리 고객들에게 주문을 받아서(돈을 받아서) 제품을 제작할 수 있다. 목표 금액을 달성하지 못하여 첫 프로젝트를 할 수 없게 되더라도 내 제품을 응원해주는 팬들이 생겼으니까 아쉬워하지 말자. 당신의 프로젝트에 호응을 해준 사람들에게 피드백을 받아 다음 기회를 노려보자.

약속한다.
계속 시도하다 보면 분명, 당신만의 노하우가 생길 것이다.

플랫폼에 콘텐츠 올려보기

1. 당신이 기획한 콘텐츠를 판매하는 플랫폼을 찾고, 등록하자.

2. 플랫폼 관계자, 그리고 당신의 제품에 관심을 보이는 고객들과 커뮤니케이션하며 더욱 매력적인 콘텐츠로 업그레이드하자.

☑ 퇴사 욕구 체크!

☑ 퇴사 준비를 위해 내가 새롭게 한 일

....

....

....

....

☑ 퇴사 준비를 위해 내가 만난 사람들

....

....

....

....

☑ 퇴사 준비를 위해 내가 쓰고 아낀 것들

....

....

....

....

피드백을 통해
사업 서비스를 업그레이드한다

고객은 솔직하다.

내 안의 나는 고객보다 더 솔직하다.

당신이 처음 만나는 사람들 앞에서 서비스를 시연한 날 밤, 일어날 일에 대해 미리 이야기하고 싶다. 그날 마주할 급격한 감정 변화를 어떻게 다스려야 할지도 말이다. 이를 위해 창피해서 나만 알고 싶었던 이야기를 꺼내보겠다.

나는 강의를 잘한다. 셀프 칭찬이지만 실제로 그렇다. 하지만 처음부터 잘하진 못했다. 강연을 할 기회는 우연하게 찾아왔다. 하지만 4주 동안 4시간씩 진행될 커리큘럼은 처음 강의하는 이에게는 고난이도의 미션이었다. 혹시 실수하게 된다면 지금까지 쌓아놓은 신뢰가 무너질까봐 거절을 했는데, 걱정 말고 해보라며 등을 떠밀려 첫 강의를 했다.

1,500명 규모의 TED 컨퍼런스 사회자도 했었고, 회사원을 위한 놀면서 배우는 교육, '액션광장'을 3년간 운영하며 꾸준히 강의 기획도

해보았지만, 직접 강의를 해본 적은 없어 최대한 준비를 많이 했다. 그리고 나조차도 깜짝 놀랄 만큼 만족스러운 강의를 해버렸다. 자만심 때문이었는지, 그 뒤로 요청이 들어온 강의를 완전히 망쳐버렸다. 얼굴을 들 수 없을 정도로 말이다. 집에 바로 들어갈 수가 없어 편의점에서 작은 노트를 사 오늘 있었던 실수를 모조리 적었다. 그리고 다음에 같은 일이 일어나지 않도록 하려면 어떻게 해야 하는지도 적어보았다.

1. 장비 설치가 제 시간에 안 될 수 있다. 하지만 강의는 시작해야 한다.
2. 수업은 정해진 시간에 끝나야 한다.
3. 강사의 자기소개는 짧지만 강렬하게. 오프닝의 분위기가 강의의 성패를 좌지우지한다.
4. 참여자가 수업을 만들어간다는 느낌이 들도록 하자(어떻게 참여시킬 것인가 고민하자).
5. 수업을 통해 무엇을 가져갈 수 있는지 처음, 중간, 끝에 계속해서 상기시키자.
6. 강사의 감정을 드러내지 말자.
7. 짧은 시간에 너무 많은 것을 하려 하지 말자.

그날 밤 한숨도 잠을 자지 못했다. 실수가 자꾸만 떠올라 '이불 킥'을 수십 번 날렸다. 배움 노트에 적힌 글들을 곱씹으며 같은 잘못을 두 번 다시 하지 않기를 원했다. 그 후로 강의가 끝나고 나면 의식처럼 배움 노트를 채워갔다. 노트의 빈 공간이 적어질수록 잘하고 싶은 욕구는 커졌고, 그만큼 나도 성장해갔다.

처음부터 잘 할 수 없다. 하지만 그 다음에는 더 잘 할 수 있도록 노력할 수 있다. 한껏 부끄러워하며 내 안의 비판자가 하는 이야기에 귀를 기울이자.

배움 노트 적어보기

배움 노트를 만들자.
솔직한 피드백을 남기자.
부끄러워도 괜찮다.
다음에 더 잘하면 된다.
성장의 과정이라고 생각하자.

....

....

....

....

....

....

....

....

....

....

☑ 퇴사 욕구 체크!

☑ 퇴사 준비를 위해 내가 새롭게 한 일

....

....

....

....

☑ 퇴사 준비를 위해 내가 만난 사람들

....

....

....

....

☑ 퇴사 준비를 위해 내가 쓰고 아낀 것들

....

....

....

....

세상에 나를 알리다

이제부터 해야 할 것은 두 가지이다.
하나는 서비스를 당신만의 스타일로 디자인하는 것.
또 하나는 당신이라는 브랜드를 세상에 알리는 것.

독특하고 특별한
나만의 색을 찾는다

45주

당신이 지금까지 열심히 준비한 서비스는 갓 태어난 아기와 같다. 관심이 닿으면 닿을수록 더 멋지게 성장할 것이다. 이 과정에서 하지 말아야 할 수칙이 있다. 이것은 몸값과 긴밀하게 연결되어 있는 포인트니 꼭 기억하고 있다가 그 어떤 유혹에도 넘어가지 말자.

여러분이 스스로 알아낼 수 있도록 문제 두 가지를 준비했다. 아래의 문장을 읽고 무엇이 떠오르는지 말해보자.

· 헝클어진 머리, 개구쟁이 과학자
· 영화계의 먹방남

아인슈타인과 하정우. 금방 답을 떠올렸을 것이다. 여러분도 이제 자신의 이름을 불렀을 때 '떠오르는 이미지'를 만들어야 할 시간이다. 그리고 그것이 독특해서 오직 당신만의 것이어야 한다.

'하지만 내가 하는 일은 저 사람도, 그리고 저 사람도 하고 있는

걸?' 의문이 들지도 모른다. 맞다. 세상에 새로운 것은 더 이상 없다. 우리는 편집의 시대에 살고 있다. 나와 비슷한 생각을 하는 누군가가 나보다 먼저 걸어가며 남겨놓은 흔적이 당신이 길을 개척해 나가는 데 힌트가 될 수 있겠지만, 똑같이 따라 하면 안 된다는 것을 꼭 명심하자. 그와 비슷해지는 순간 회사원의 생활을 그리워하고 후회하게 될지도 모른다. 당신의 가치는 언제나 그보다 낮을 수밖에 없기 때문이고, 무엇보다 '돈을 지불하는 사람 = 고객'은 같은 능력이 있다면 당신보다 경력이 많은 사람을 찾을 테니까 말이다.

경쟁이 없는 곳, 오직 당신만이 할 수 있는 것을 만들어가는 개척자가 되어야 한다. 지금은 창백한 자신의 색을 멀리서도 볼 수 있도록 강렬하게 칠해 나가야 한다. 당신은 어떤 사람이 되고 싶은가? 어떤 캐릭터로 살아가고 싶은가?

되고 싶은 내 이미지 만들기

당신은 어떤 사람으로 불리고 싶은가?
사람들이 당신을 생각했을 때 떠올릴 이미지를 구체적으로 생각해보자.
글로 적어보고, 이미지로 그려보자. 그것이 선명하고 강렬해질수록 당신
은 강해질 것이다.

☑ 퇴사 욕구 체크!

☑ 퇴사 준비를 위해 내가 새롭게 한 일

....

....

....

....

☑ 퇴사 준비를 위해 내가 만난 사람들

....

....

....

....

☑ 퇴사 준비를 위해 내가 쓰고 아낀 것들

....

....

....

....

46주 나를 세상에 알린다

"정말 좋은데, 아주 멋진데, 왜 사람들이 찾지 않을까?"

답은 간단하다. 그것이 세상에 존재하는지 알지 못해서. 그것을 어디에서 찾을 수 있는지 알지 못해서.

올레! 다행이다. 10년 전보다 지금, 그리고 앞으로 더욱 평범한 사람이 만든 서비스를 세상에 알리는 데 드는 비용이 제로 수준으로 낮아질 것이다. 매일 아침 출근 준비를 하며 들여다보는 세상, 스마트폰에 있는 어플과 웹 – 페이스북, 인스타그램, 핀터레스트, 유튜브, 블로그, 팟캐스트 – 이 당신의 훌륭한 마케팅 도구가 되어줄 것이다.

당신도 알 것이다. 순전히 재미로 시작한 SNS에 올린 글과 영상이 사람들에 의해 퍼져나가 유명인이 된 이야기 말이다. 성공하고 싶다면 잘 보이는 곳에 있어야 한다. 사람들이 찾을 수 있도록 한 장소에서 당신의 목소리를 꾸준히 내고 있어야 한다. 당신의 이야기를 듣고 싶은 사람이 늘어날수록 당신과 당신이 만든 콘텐츠의 가치는 올라갈 것이다.

무엇을 이야기할 것인지에 대해서 앞에서 충분히 논의했으니 이제 포스팅을 할 차례이다. 사람들이 날마다 보는 스마트 세상의 게시판에 당신의 이야기를 퍼트리자.

효과가 있을 때까지 꾸준히 콘텐츠를 올리며 사람들의 반응을 보자. 하루하루 크리에이터로 성장하고 있는 자신을 뿌듯이 여기며, '퍼트릴 만한 가치가 있는 이야기'는 무엇인지 찾아보자.

계정을 만들고 무엇이든 올려보기

당신이 가장 오래 머무르고 있는 그 어플리케이션과 웹페이지가 당신의 훌륭한 마케팅 도구가 될 것이다. 계정을 만들고 로그인하여 첫 게시글을 올려보자. 짧은 글이라도 꾸준히 목소리를 내는 것이 중요하다. 점점 당신을 찾는 팬들이 늘어날 것이다.

☑ 퇴사 욕구 체크!

☑ 퇴사 준비를 위해 내가 새롭게 한 일

....

....

....

....

☑ 퇴사 준비를 위해 내가 만난 사람들

....

....

....

....

☑ 퇴사 준비를 위해 내가 쓰고 아낀 것들

....

....

....

....

47주 1,000명의 팬이 모이는 접점을 갖는다

진정한 팬이 1,000명만 있으면, 당신은 하고 싶은 것을 하며 살수 있다. 이제 이 팬들을 한 곳에 모을 수 있는 접점, 당신의 홈페이지를 만들어보자.

이 페이지가 하는 역할은 네 가지이다.

1. 당신이 누구인지 한눈에 알 수 있는 소개 페이지
2. 웹상에 퍼져 있는 당신의 콘텐츠가 정리되어 있는 포트폴리오 페이지
3. 당신에게 프로젝트를 의뢰하고 싶은 사람이 연락할 수 있는 연락 페이지
4. 당신의 콘텐츠를 판매하는 상점 페이지

여기서 네 번째 상점 페이지의 위력은 당신이 무엇을 이야기하든 귀를 기울여주고, 당신의 서비스에 지갑을 꺼내어 기꺼이 사줄고객들이 많아질수록 커질 것이다. 그 예로, 플랫폼에 등록된 서비스의 판매금액과 당신의 홈페이지에 등록된 서비스의 판매금액이 10만 원으로 동일하다고 가정하자. 하지만 판매 후 당신이 손에 쥘

금액은 다르다. 플랫폼 이용의 대가로 최소 30퍼센트에서 많게는 50퍼센트 이상의 수수료를 내야 하기 때문이다.

서비스를 시작할 때에는 사람들이 많이 모여 있는 광장 개념의 플랫폼에서 출발하여 빠르게 고객과 만나는 기회를 만드는 게 필요했다면, 콘텐츠를 보강한 후에는 당신 소유의 플랫폼으로 고객을 옮겨와야 한다는 뜻이다. 그렇지 않으면 '당신의 소중한 자원 = 시간과 에너지'가 새어 나간 만큼 더 많은 일을 해야 한다.

다행히 특별한 IT기술을 가지고 있지 않아도 홈페이지를 만들수 있는 방법은 많다. 고전적인 방법으로는 워드프레스가 있고, WIX, 아임웹, 식스샵 등을 이용하여 무료로 홈페이지를 만들 수있다. 각각의 사이트에 직접 들어가서 당신이 가장 편하게 활용할수 있는 것을 택하기만 하면 된다.

홈페이지 만들기

1. 홈페이지를 제작하자.

2. 당신이 콘텐츠를 보는 사람이 홈페이지로 유입될 수 있도록 링크를 걸어두자.

3. 홈페이지 제작과 동시에 당신을 소개할 수 있는 명함도 함께 만들어 보자.

☑ 퇴사 욕구 체크!

☑ 퇴사 준비를 위해 내가 새롭게 한 일

☑ 퇴사 준비를 위해 내가 만난 사람들

☑ 퇴사 준비를 위해 내가 쓰고 아낀 것들

48주 인생을 바꿔줄 글쓰기를 시작한다

마지막으로, 나다운 삶을 살기로 한 당신이 꼭 가졌으면 하는 기술이 있다. 나는 당신이 글을 쓰는 사람이 되기를 바란다. 아래의 세 가지 이유가 당신의 마음을 흔든다면 지금 당장 시작하자.

첫째, 내가 아는 모든 사람 중 멋진 삶을 살다 간 사람들은 일기가 되었건 모두 글을 썼다. 자신의 삶이 원하는 대로 굴러가고 있는지 점검하는 도구로써 말이다. 우리가 고전이라고 말하는 책들, 가령 로마의 황제 마르쿠스 아우렐리우스의 《명상록》, 스토아 철학자 세네카의 《행복론》은 그들이 어떻게 살 것인가를 고민하며 자신에게 묻고 대답한 생각의 흔적들이다.

삶을 흘러가는 대로 흘려 보내지 않으려면, 끊임없이 당신에게 묻고 대답하자. 이때 글은 생각을 정리하는 훌륭한 도구가 되어줄 것이다.

둘째, 글은 콘텐츠의 가장 정제된 형태이다. 자신이 하고 싶은 이야기를 한 편의 완벽한 글로 쓸 줄 아는 사람이 되면, 이미지나 영상 등 다른 형식의 콘텐츠도 만들기 쉬워진다. 1,000만 관객이 동원된 영화도 각본이 먼저이고, 광고도 스토리보드가 먼저이다. 콘텐츠의 형식이 다양해졌지만, 그것의 기본은 아이디어와 추상적인 생각을 표현한 글이다. 나는 삶을 주체적으로 만들어갈 당신이 글이라는 도구를 자유자재로 다룰 수 있기를 바란다.

셋째, 글 한 편을 완성시키는 것의 300배 힘든 일이 300쪽 원고를 당신의 언어로 채우는 것이다. 인용구로 도배한 책이 아니라면 뇌와 엉덩이, 그리고 키보드가 수난을 겪는 작업이 될 것이다. 생각이 나지 않아 하얀 종이를 빤히 쳐다보며 머리를 쥐어뜯는 순간과 푹신했던 방석이 점점 탄력을 잃어가는 순간이 더해져 책이 만들어질 테니까. 이 정도로 고통스럽고 힘든 과정이기 때문에 당신의 글이 인쇄된 책으로 세상에 나오는 순간, 그 책은 당신의 전문성을 인정받는 훌륭한 도구가 되어줄 것이다.

·

책 쓰기에 도전하기

글쓰기를 시작하자. 독립출판도 괜찮고, 전자책도 괜찮다. 당신의 생각을 모아 한 권의 책으로 만들어보자.

제목

_____

_____

_____

주제

_____

_____

_____

독자

_____

_____

_____

☑ 퇴사 욕구 체크!

☑ 퇴사 준비를 위해 내가 새롭게 한 일

....

....

....

....

☑ 퇴사 준비를 위해 내가 만난 사람들

....

....

....

....

☑ 퇴사 준비를 위해 내가 쓰고 아낀 것들

....

....

....

....

당신의 삶을 변화시키는
가장 강력한 기술

현실이 마음에 들지 않으면
먼저, 생각의 단어를 바꾸는 연습을 해야 한다.

'힘들다'라는 막연한 감정의 단어보다
'○○을 하고 싶다'와 같이 구체적인 액션의 단어를 떠올려야
괴로운 현실에서 벗어나 원하는 삶으로 빠르게 다가갈 수 있다.

바라는 대로 이루려면 행동하자.
그리고
살자.
살아 있는 것처럼.

퇴사를 준비하는 나에게

초판 1쇄 인쇄 2018년 10월 25일
초판 1쇄 발행 2018년 11월 1일

지은이 이슬기
펴낸이 연준혁

출판 2본부 이사 이진영
출판 2분사 분사장 박경순
디자인 나이스 에이지

펴낸곳 ㈜위즈덤하우스 미디어그룹
출판등록 2000년 5월 23일 제13-1071호
주소 경기도 고양시 일산동구 정발산로 43-20 센트럴프라자 6층
전화 031-936-4000 팩스 031-903-3891 홈페이지 www.wisdomhouse.co.kr

값 13,800원 ISBN 979-11-6220-927-1 03320

국립중앙도서관 출판예정도서목록(CIP)

퇴사를 준비하는 나에게 / 지은이: 이슬기. -- 고양 : 위즈덤
하우스 미디어그룹, 2018
　　p. ;　　cm

ISBN 979-11-6220-927-1 03320 : ₩13800

퇴사[退社]
자기 계발[自己啓發]

325.211-KDC6
650.1-DDC23　　　　　　　　　　CIP2018033115